KB212083

ANGER THE SEVEN DEADLY SINS

분노

ANGER THE SEVEN DEADLY SINS

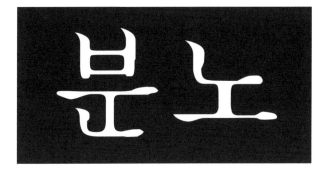

분노

로버트 A. F. 서먼 지음 ｜ 허우성 · 이은영 옮김

민족사

차례

《분노》를 자비로 안내하며

분노의 대한민국, 성난 시민! 이 책을 번역하고 있던 2016~2017년 한국의 겨울을 단적으로 묘사하던 말이었다. 대다수의 언론은 촛불시위를 보도하면서 분노의 자연스러움, 정의로움, 당당함을 지적하며 수없이 분노를 예찬했다. 많은 사람들은 대통령의 법 위반과 국민의 신임에 대한 배신을 고려할 때, 분노하지 않으면 오히려 '비정상'이라고도 했다.

우리는 하지만 경험으로 분노가 유용하면서도 위험한 감정임을 잘 알고 있다. 잘 다루면 그 에너지를 건설적으로 사용할 수 있고, 잘못 다루면 증오, 저주, 파괴와 살인, 아니 전쟁의 나락으로까지 떨어질 수도 있다. 그래서 동서고금의 수많은 현자들이 그 위험성을 지적해왔고, 우리 언론 역시 최근까지도 분노를 잘 조절해야 한다고 말해왔다.

분노의 순기능을 인정한 대표적인 철학자 중의 하나로 그리스의 아리스토텔레스가 있다. 그에 따르면, 자신이나 친지가 모욕을 당했을 때 화를 내는 것은 당연하다. 그렇지 않으면 어리석은 사람, 자기방어도 하지 못하는 노예 같은 사람으로 간주된다. 하지만 이 철학자는 화를 낼 때 다섯 기준은 지켜야 한다고 보았다. 분노하기에 마땅한 일, 분노하기에 마땅한 상대, 분노의 강도强度, 분노의 타이밍, 마땅한 지속 시간이 바로 그것들이다. 다섯 기준은 이성에서 온다. 분노라는 감정과 이성의 균형을 잘 유지하면 '중용의 성격'을 지닌 자로 칭송받는다고 그는 덧붙였다.

그런데 힌두교와 불교 사상은 아리스토텔레스와 달리 분노에 대해 아주 엄격한 태도를 취한다. 특히 불교는 분노(瞋)를 무지와 탐욕과 함께 삼독三毒의 하나로, 제거의 대상으로 간주한다. 이런 불교의 입장에서는 비록 '공분公憤'이라고 해도, 그것이 증오나 폭력을 초래한다면 거기에 동조하기 어렵다. 1950년 중국의 인민해방군이 동부 티베트로 침공해온 이후 인도로 망명해온 14대 달라이 라마가 대표적인 사례이다. 그는 마오쩌둥을 포함한 중국 공산당 지도부에게 분노 대신 자비를 보낸다고 했다. 마하트마 간디는 대영 제국과 인도 내부의 카스트 제도라는 정치적·사회적 악에 대해 힘껏 저항하고, 힌두 무슬림의 갈등을 해소하기 위해 목숨 건 단식을 감행하면서도, 분노를 정당화하는 일을 극히 경계했다.

달라이 라마의 제자이자 친구인 서먼은 《분노》에서 《입보리행론》〈인욕품〉을 번역하고 해설하고 있는데, 그 과정에서 분노에 대한 불교적인 태도의 정수를 보여주고 있다. 그 중에 한 구절은 다음과 같다.

나는 원수와 함께 인내를 수련할 수 있네.
그래서 그는 그를 인내한 결과인
내 첫 번째 공물을 받을 만하네.
원수야말로 인내의 원인이기 때문에.

《입보리행론》〈인욕품〉 108

서먼은 이 책에서 '원수가 인내의 원인이므로 나의 공물을 바칠 만하네'라는 취지의 구절을 설명하면서, 달라이 라마가 티베트와 티베트 지도자, 티베트 국민들 최대의 적인 마오쩌둥에 대해 수십 년간 명상한 것이 그 취지를 잘 보여주는 완벽한 사례로 언급하고, 문답 하나를 덧붙이고 있다. 아시아 협회(Asia Society)에서 한 번은 달라이 라마에게 세계에서 가장 존경하는 사람이 누구냐고 물었다. 그러자 달라이 라마는 비폭력의 사도인 간디뿐만 아니라, 폭력의 사도인 마오쩌둥, 티베트의 자유와 사원 등 불교 기관들, 그 환경과 백만 명이 넘는 티베트인들을 파멸시킨 마오쩌둥이라고 대답했다는 것이다.

〈인욕품〉에는 이런 구절도 있다.

그래서 인내가 길러지는 것은
가슴에 증오를 지닌 자들에 의존해서다.
증오를 지닌 자들은 정법正法처럼 존경받을 만하네.
둘 다 인내의 원인이므로.

《입보리행론》〈인욕품〉 111

"증오를 지닌 자들은 정법처럼 존경받을 만하네." 얼핏 황당해 보이는 이 구절에 대해 서먼은 다음과 같이 말한다. "여기에 진정한 붓다의 마음, 평등성의 지혜 – 증오로 가득한 마음과 정법을 평등하게 보는 지혜 - 가 있다! 여기에 관용이 없는 자를 인내하는 관용이 있다. 여기에 증오에 답하는 사랑, 악에 답하는 선善이 있다. 이것은 과거에 있었던 모든 위대한 영적 인물들과 신들의 영역이다." 증오로 가득한 마음과 정법을 평등하게 보는 지혜, 그 지혜를 얻은 경지를 서면은, 위대한 영적 인물들과 신들의 영역으로, 곧 진화의 극점으로 보고 있다. 이런 관점에 따르면 붓다, 간디, 달라이 라마는 진화의 극점에 도달했거나, 아주 근접한 인물로 보인다. 서면은 인간과 인간 이외의 존재들이 진화하여 자력으로 완전한 불성佛性을 얻을 수 있는 가능성을, 진화의 극점에 도달할 수 있는 가능성을 인정하는 것 같다. 수많은 다생多生을 통해서라도 말이다.

이 책은 결국 분노의 에너지를 정복해서 자비의 에너지로 바꾸자고, 그 에너지를 재배치하자고 한다. 이는 무슨 의미인가? 분노가 아니라 사랑과 자비, 다른 이들이 고통을 겪지 않고 행복해지도록 도우려는 의지를 발동하라는 것이다. 하지만 분노와 증오로부터 자비와 사랑으로 당장 바꾸라고 강요하는 것은 우리 스스로를 너무 심하게 다그치는 것이다. 그래서 〈인욕품〉과 서면은 내성耐性 · 인내

·자제·용서라는 중간 지대를 제시하고 있다. 해를 입었을 때, 또는 해를 입었다고 생각할 때 우리는 증오심과 분리된 자비심을 내는 것이 목표이지만, 그 전에 증오에 대한 내성을 키우고, 인내와 자제심을 기르자는 것이다.

분노 대신 사랑과 자비를 닦으라는 〈인욕품〉, 달라이 라마 그리고 서먼의 입장을 우리는 어떻게 이해해야 할까? 우리 민족은 분노에 대해 상당한 친근감을 느끼고 있는 것 같아서이다. 이런 친근감은 침략과 불의에 대한 저항의 역사와도 관련이 있을까? 변영로의 시 논개論介의 첫 소절이 그런 연관성을 짐작케 한다. "거룩한 분노는 종교보다도 깊고 불붙는 정열은 사랑보다도 강하다." 거룩한 분노 – 궁극적인 자기희생을 수반하는 이런 분노에 대해 달라이 라마는 어떤 태도를 취할까? 그는 중국의 침략과 지배에 항의해서 분신자살한 티베트인 스님들과 소년들의 행위에 대해 평가하기를 참으로 난처해했다. 하지만 권장하지는 않았다.

한국인들에게 간디나 달라이 라마처럼 서로 '원수'를 용서하라고 말하면 대다수는 무골충이라고 욕할 지도 모르고, 〈인욕품〉에서처럼 증오를 지닌 자를 정법처럼 존경하자고 하면 분별이 없는 자라고 비난할 지도 모른다. 하지만 《분노》는 달라이 라마를 닮으라고 하는 것 같다. 우리가 그를 닮아서 자비가 분노를 이긴다는 진화의 극점에 가까워지면, 왜적이 백성을 살육한 일에 대해 이순신이 느꼈다는 원통한 분노(痛憤), 논개의 거룩한 분노, 그리고 2017년 탄핵을 이끌어 낸 시민의 분노를 어떻게 평가하게 될까? 한국인을 위한 감정교육의 첫걸음은 분노 성찰이 아닐까 한다. 이런 문제를 생각하면서 《분노》를 읽어보자.

허우성

모든 일은 마음에서 비롯된다.

마음이 이끌고 마음이 만든다.

나쁜 마음을 가지고 말하거나 행동하면

고苦가 그를 따른다.

수레바퀴가 소의 발자국을 따르듯이.

Manopubbaṅgamā dhammā/ manoseṭṭhā manomayā/ manasā
ce paduṭṭhena/ bhāsati vā karoti vā/ tato naṃ dukkham anveti/
cakkaṃ va vahato padaṃ.

心爲法本 心尊心使 中心念惡 卽言卽行 罪苦自追 車轢於轍

《Dhammapada(法句經)》1장 1절[1]

---

1   역주: 서면의 원저에는 영문 번역만 있지만, 역자가 팔리어 경전
    원문과 한역漢譯을 넣었다.《Dhammapada(法句經)》번역은 다
    음 번역서들을 참고했다. 법정 역,《진리의 말씀》, 나무심는사람,
    2003(2판). 일아 역,《담마빠다》, 불광출판사, 2014. 전재성 역,
    《법구경-담마파다》, 한국빠알리성전협회, 2008. 한역漢譯은 전
    재성 번역본의 주석을 따랐다.

모든 일은 마음에서 비롯된다.

마음이 이끌고 마음이 만든다.

순수한 마음을 가지고 말하거나 행동하면

낙樂이 그를 따른다.

그림자가 그 주인을 따르듯이.

Manopubbaṅgamā dhammā/ manoseṭṭhā manomayā/ manasā
ce pasannena/ bhāsati vā karoti vā/ tato naṃ sukhaṃ anveti/
chāyā va anapāyinī.

心爲法本 心尊心使 中心念善 卽言卽行 福樂自追 如影隨形

《Dhammapada(法句經)》1장 2절

'그는 나를 욕하고 때렸다.

나를 이기고 내 것을 빼앗았다.'

이러한 생각을 품고 있으면

분노가 가라앉지 않는다.

Akkocchi maṃ avadhi maṃ/ ajini maṃ ahāsi me/
ye taṃ upanayhanti/ veraṃ tesaṃ na sammati.

人若罵我 勝我不勝 快意從者 怨終不息

《Dhammapada(法句經)》1장 3절

16

'그는 나를 욕하고 때렸다.

나를 이기고 내 것을 빼앗았다.'

이러한 생각을 품지 않으면

마침내 분노가 가라앉으리라.

Akkocchi maṃ avadhi maṃ/ ajini maṃ ahāsi me/

ye taṃ na upanayhanti/ veraṃ tesūpasammati.

人若致毁罵 役勝我不勝 快樂從意者 怨終得休息

《Dhammapada(法句經)》1장 4절

이 세상에서 분노는

분노에 의해서는 결코 사라지지 않는다.

분노를 버림에 의해서[2] 사라지나니

이것은 영원한 진리다.

Na hi verena verāni/ sammantīdha kudācanaṃ/

averena ca sammanti/ esa dhammo sanantano.

不可怨以怨 終以得休息 行忍得息怨 此名如來法

《Dhammapada(法句經)》1장 5절

---

2 역주: 팔리어 원문은 'averena'인데, 저자는 'by love'라고 영역했
다. 여기서는 팔리어 원문에 따라 '분노를 버림에 의해서'로 번역
했다. 그것을 더 직역하면 '분노 아닌 것에 의해서'가 될 것이다.

우리가 이 세상에서
언젠가 죽을 존재임을
깨닫지 못하는 이가 있다.
이것을 깨달으면 온갖 다툼이 사라질 것을.

Pare ca na vijānanti/ mayamettha yamāmase/
ye ca tattha vijānanti/ tato sammanti medhagā.

不好責彼 務自省身 如有知此 永滅無患

《Dhammapada(法句經)》1장 6절

분노를 품은 자들 가운데서도[3]
분노 없이 즐겁게 살자.
분노를 가진 사람들 가운데서도
분노 없이 살자.

Susukhaṃ vata jīvāma/ verinesu averino/
verinesu manussesu/ viharāma averino.

我生已安 不慍於怨 衆人有怨 我行無怨

《Dhammapada(法句經)》15장 1절

---

3   역주: 팔리어 원문의 'verinesu'를 저자는 'amid the haters(미워
    하는 사람들 가운데서도)'라고 영역했다. 여기서는 팔리어 원문
    에 따라서 '분노를 품은 자들 가운데서도'라고 번역했다. 이 게
    송의 다른 부분도 마찬가지로 저자는 'hate(미움)'로 영역한 것
    을 팔리어 원문에 따라 '분노'로 번역했다.

성냄을 버리라. 자만을 버리라.

그 어떤 속박에서도 벗어나라.

정신적인 것(名)과 물질적인 것(色)에 집착하지 않고,

가진 것이 없는 자는 고에 쫓기지 않는다.

Kodhaṃ jahe vippajaheyya mānaṃ/ saññojanaṃ sabbam atikkameyya/ taṃ nāmarūpasmiṃ asajjamānaṃ/ akiñcanaṃ nānupatanti dukkhā.

捨恚離慢 避諸愛貪 不著名色 無爲滅苦

《Dhammapada(法句經)》17장 1절

달리는 수레를 제어하듯

끓어오르는 성냄을 다스리는 이를

나는 진정한 마부라고 부르리.

그렇지 않은 이들은 고삐만을 쥐고 있을 뿐이네.

Yo ve uppatitaṃ kodhaṃ/ rathaṃ bhantaṃ va dhāraye/ tam ahaṃ sārathiṃ brūmi/ rasmiggāho itaro jano.

恚能自制 如止奔車 是爲善御 棄冥入明

《Dhammapada(法句經)》17장 2절

저자 머리말

나는 분노에 분노하고 있다. 분노가 밉고 그것을 없애고 싶다. 분노에서 자유로워지고 싶다. 분노가 두 번 다시 나를 지배하지 않기를, 내 몸과 말, 마음(身口意)을 사용해서 나 자신이나 다른 사람에게 상처 주는 일이 없기를 바란다.[1] 그렇지만 분노를 미워하는 것은 딜레마다. 만약 내가 분노에 화를 낸다면, 그 순간 분노는 나를 지배한다. 나는 분노를 멈추기 위해서 분노할 수는 없다. 만약 분노하기를 멈춘다면, 뭐가 어찌되었든 목적을 이룬 것이긴 하다. 하지만 분노에 분노하지 않는다면, 결국 나는 다시 분노에 휩싸이지 않을까?

---

1 일역(屋代通子 訳, チベット仏教が教える怒りの手放し方, 東京: 築地書館, 2011)을 때때로 참조했다. 일역은 상당한 정도로 의역을 했는데, 서면의 원문이 더러 난삽해서 이해는 된다. 하지만 우리의 번역은 그보다는 직역에 가깝다.

분노는 나에게 항상 문제였다. 나는 돌연 화를 심하게 내곤 했고, 그럴 때면 머릿속이 여러 가지 생각으로 온통 뒤엉키면서 아무 말이나 막 쏟아내고, 때로는 거칠게 행동하기도 했다. 오래 전에는 들이받고 치고받고 집어던지기도 했던 것 같다.

　나는 다혈질 기질을 타고났던 것일까? 아니면 그것은 어렸을 때의 어떤 경험에서 온 것일까? 나는 형과 싸우면서 스스로를 방어할 수밖에 없었던 기억이 난다. 그때 나는 속으로는 공포가 등줄기를 타고 올라왔지만, 숨을 꾹 참고 얼굴을 새빨갛게 붉히면서 공포를 격렬한 분노(wild rage)로 바꾸어 밖으로 터뜨렸다. 형이 오히려 나를 두려워하도록 만들기 위해서였다. 여기에 연극적으로 가장한 면도 있었을까? 때로는 그랬다. 혹은 내가 정말로 화가 났던 것일까? 때로는 그랬다. 둘 간의 차이는 미묘했다.

　형과 싸울 때 내게는 불리한 점이 여럿 있었는데, 그 중에는 당시에 꽤 큰 약점처럼 생각되던 것도 있었다. 바로 내가 열두 살까지는 형보다 작았다는 점이다. 내편에서 되받아치기 전에 형이 긴 팔을 뻗어서 나를 때렸다. 게다가 더 불리했던 점은, 내게 사람의 얼굴이라면 그 어떤 얼굴이라도 그것을 때리는 것에 대해서 일종의 공포증(phobia) 같은 것이 있었다는 점이다. 내가 아무리 화가 나도, 얼굴을 향해서 주먹을 휘두르면 마치 자석의 같은 극끼리 서로 밀어내듯이 내 주먹은 빗나가서 상대방의 어깨를 쳤다. 이 공포증은 꽤 심해서 학교 체육 시간에도 나는 복싱 대신 펜싱을 해야 했다. 게다가 사브르(saber) 종목 연습에서는 내가 남을 베거나 남이 나를 베야 하는데, 나는 그게 싫어서 플뢰레(fleuret) 종목만 연습했다.[2] 끝에 고무가 덧대어져 있고 잘 휘어지는 에페(épée) 검으로 보호복을 입은 상대방의 복부나 가슴을 찌르는 것은 별 문제 없었다.

　나는 다혈질 기질로 인해서 꽤 독설가였다. 열두 살에 키가 훌쩍 크기 전까지 몸은 작았지만 입만 컸고, 다른 사람의 약점을 찾아서 그것을 콕 찌를 수 있을 만큼 영리하기도 했다. 종종 도가 지나쳐서 문제가 커진 적도 있다. 다행히 침착할 때는 유머 감각이 뛰어나서 친구도 잘 사귀었고 교우 관계도 넓었다. 나이가 들어 지적으로 성숙해지면서 아

　2　역주: 펜싱 종목에는 사브르(saber), 플뢰레(fleuret), 에페(épée) 세 종목이 있다. 사브르는 머리, 양 팔을 포함한 상체를 찌르거나 베는 종목이다. 플뢰레는 팔, 머리, 다리를 제외한 상체를 찌르는 종목이다. 에페는 전신을 찌르는 종목이다.

주 신랄한 논객論客이 되었고, 나는 대학생, 대학원생, 그리고 젊은 선생으로서 위협적인 느낌을 주는 사람이었음이 분명해 보인다.

티베트 불교 승려 시절에, 내 "루트 라마(root Lama)", 즉 영적 지도 스승이었던 나이 많은 몽골인 스님은 실제로 내가 티베트의 정식 토론에서 사용하는 특정 기술과 요령을 못 배우게 하셨다. 스님은 내가 그런 걸 몰라도 이미 토론을 너무 잘한다며, 내가 그런 기술들까지 배워서 자유자재로 쓰게 되면 "굉장히 많은 사람들을 불행하게 만들 것"이라고 하셨다! 꽤 실망했지만, 좀 투덜거리다가 스님의 말씀을 따랐다. 그 시절 이래 만약 내 동료 승려 몇몇이 누가 무엇에서 자신들을 구해 주었는지 알았다면, 그 스님께 감사했을 것이다.

우리 가족은 부모, 조부모, 형제들이 모두 굉장히 감정적이고, 싸울 때는 연극의 한 장면이라도 연출하는 것처럼 과장되게 행동하곤 했다. 형제들 중 가운데였던 나는 그런 가족들 사이에서 중재자 역할을 했다. 그런데 나중에 내가 티베트 승려를 그만두고 환속한 후 결혼해서 한 아내의 남편이자 아이들의 아버지가 되어 보니, 내 안에도 성급함, 좌절, 격노(hot anger)가 여전히 깊이 숨어 있다는 것을 깨달았다. 이것들은 분명 아버지 쪽 혈통에 흐르는 미국 남부 촌놈 기질을 통해서 내려왔을 것이다. 이런 역겨운 남성적·가부장적 우월감과 지배적인 행동을 억제하려고 나는 승려 시절에 배웠던 철학적·심리학적·명상적인 통찰과 기술을 사용하고, 마음의 변화(mind reform)를 위한 통찰과 기술도 사용해 보았는데, 상황에 따라서 성공의 정도가 달랐다. 나는 여전히 인내심과 자제력이 부족하다. 나를 충분히 향상시켜 준 불교 전통에 대해서 감사하고 있고, 그 전통을 내가 여전히 배우고 있고, 거기서 가르치는 통찰은 건전하고 방법은 효과가 있다는 점에 대해서 지적 확신이 있음에도 인내심과 자제력이 부족한 것이다.

우리 세대가 세계를 위해서 해야 할 가장 중요한 일은, 새로운 차원의 내성적 통찰과 극기(self-mastery)를 사용해서 개인, 가족, 문화를 통해서 전해 내려오는, 정신적·언어적·신체적 폭력의 연쇄를 끊는 것이다. 우리는 우리가 상속한 분노의 속박에서, 그리고 분노에서 오는 폭력의 속박에서 우리 자신을 해방시키지 않고서는 미래 세대가 시급하게 필요로 하는 진정한 평화를 이 세계에 가져올 수 없다. 이런 것이 불가능하고 이상주의적이고 유토피아적이라고 말하는 세속적인 지혜에 우리는 동의할 수 없다. 상호확증파괴(相互確證破壞, Mutual Assured Destruction)[3]의 세계는 결국 스스로 자멸할 것이 분명하기 때문이다. 게다가 고금古今을 막론하고 모든 예언자와 선지자들은 생명 전체의 종말보다는 새 하늘과 새 땅을 다 같이 예견해 왔다. 마지막으로 결국에는 최악의 사태가 벌어진다 할지라도 최선의 결과를 위해서 진력盡力을 다하는 것이 우리의 의무이다. 그래야 나중에 무슨 일이 벌어지더라도 후회하지 않을 것이기 때문이다.

분노에 대해서는 두 가지 극단적인 견해가 있는데, 나는 이 책에서 그러한 양극단을 벗어난 중도中道의 길을 밝히고자 한다. 여기서 나는 한 극단을 '분노에 항복하기(resigning to anger)'로, 다른 한 극단을 '분노에서 해방되기(resigning from anger)'로 부르겠다.

---

3 역주: 상호확증파괴(相互確證破壞, Mutual Assured Destruction, 줄여서 MAD라고도 함)는 1960년대 이후 미국과 소련이 구사했던 전략이다. 이것은 적이 핵 공격을 가할 경우 적의 공격 미사일 등이 도달하기 전에, 또는 도달한 후 생존해 있는 보복력을 이용해 상대편도 전멸시키는 보복 핵 전략이다.

첫 번째 극단적인 견해인 '분노에 항복하기'는 우리가 분노에 대해 할 수 있는 것은 아무 것도 없고, 단지 그것을 좀 조절할 수 있을 뿐이라는 견해이다. 이 견해는 종교적 버전과 세속적 버전 두 가지로 나누어진다. 먼저 종교적 버전은 '신'도 '분노의 신'이라고 주장한다. 환전상들의 탁자를 뒤엎어 버리고 바리새인 등을 비판할 때 보면, 예수조차도 욱하는 기질이 있었다.[4] 그러니 분노는 신이 하사하신(God-given) 것이다. 우리는 모두 분노하며, 분노는 건전한 것이다. 잘못된 것을 바로잡고 사회악을 근절하고 압제에 저항하기 위해서도 우리에게는 분노가 필요하다. 분노는 그것이 정당하지 않을 때, 과도하거나 자기 파괴적일 때에만 치명적이고 죄를 짓는 것, 나쁜 것이다. 분노를 통제하거나 극복하려는 사람은 누구든 마왕 루시퍼의 손아귀에서 완벽해지려 애쓰는 사람만큼이나 망념에 빠져 있는 것이다.

---

4 역주: 성경 요한복음 2장 13절부터 17절까지에는 예수 그리스도가 예루살렘의 성전 안에 소, 양, 비둘기를 파는 사람들과 환전하는 사람들이 앉아 있는 것을 보고 노끈으로 채찍을 만들어 양, 소를 다 성전에서 내쫓고, 환전하는 사람들의 돈을 쏟고 상을 엎었다고 하는 내용이 나온다. 마태복음 23장에서는 예수 그리스도가 위선적인 바리새인들을 꾸짖고 저주하는 내용들이 나온다. 마가복음 3장에서도 바리새인들의 완악함을 보고 화내고 슬퍼했다는 내용이 있다.

이 견해의 세속적 버전은 생물학에 기초한 사회 다원주의자들의 버전이다. 이 버전은 분노가 우리에게 "내장(hardwired)"되어 있다고 논한다. 공격의 위험과 압제의 위험으로부터 스스로를 보호하기 위해서도 우리에게는 분노가 필요하다. 분노는 싸울 때 용기의 원천이다. 분노를 제거할 수 있다고 생각하는 사람은 프로이트(Freud)와 그 계승자들의 책을 한 번도 읽어본 적이 없었던 사람일 것이다.

두 번째 극단적인 견해인 '분노에서 해방되기'는 분노가 완전히 근절될 수 있다는 것이다. 분노는 절대적으로 대죄(大罪, deadly sin)이다. 분노는 전적으로 파괴적이어서, 어떤 상황에서도 정당화될 수 없다. 우리는 분노라는 존재를 없애 버려야 한다. 우리는 명상을 배워서 감정적인 성격 전체(all emotionality)를 초월해야 한다. 분노는 불과 같아서 우리를 불태울 수 있을 뿐이다. 우리가 분노의 불을 끄면, 열반(Nirvana), 신성함(Godliness), 완전함에 도달한다. 우리는 모두 성자聖者가 되어야 하며, 궁극적으로는 완전한 초인超人이 어떤 방식으로든 될 수 있다.

첫 번째 극단적인 견해는 종교적 버전과 세속적 버전이 있는데, 모두 서양에서 우세한 견해이며 동양에서도 매우

뚜렷하게 나타난다. 두 번째 극단적인 견해는 서양에서는 영지주의(靈知主義, Gnosticism)와 대부분의 유대교, 기독교, 이슬람교의 신비주의에서 나타난다. 동양에서는 이원론적 불교와 힌두교 신비주의와 도교 신비주의의 형태 안에 더 넓게 퍼져 있다. 그래서 동서양의 구분, 유일신론자-무신론자(monotheist-nontheist)의 구분, 기독교도와 불교도의 구분은 실제로 그다지 유용하지 않다. 그리고 내가 여기서 설명하려는 중도는 전형적인 극단적 견해들이 시사하는 것보다 복잡하다.

그런데 사태를 더 복잡하게 만드는 것은 내가 이 극단적인 입장들, 즉 '분노에 항복하기'와 '분노에서 해방되기'라는 각각의 입장에 동의하기도 하고 동의하지 않기도 해 본다는 것이다. 일단 재미로 그렇게 해 본다는 것이다.

내가 첫 번째 극단적 입장인 '분노에 항복하기'에 대해서 동의하는 점은 분노는 어떤 에너지를 갖고 있어서 우리가 그것을 완전히 회피하기란 불가능하다는 점이다. 분노는 불과 같은데, 불은 기본 원소이다. 분노는 태우고 고통을 줄 수도 있다. 그러나 세계를 구성하는 원소인 불만 제거하고, 세계의 차가운 쪽은 아무런 영향을 받지 않고 원래대로 유지할 수 있다고 생각하는 것은 비현실적이다. 다른 한편, 내가 동의하지 못하는 점은 분노를 불에 비유한 것이 분노가 단순히 불에 불과하다거나, 분노 없이는 불도 없다는 뜻은 아니라는 맥락에서이다. 고대 신화에 나오는 분노의 신은 부족적 투영(投影, tribal projection)이지 하나의 궁극 실재가 아니다. "그분(He)"은 여러 부족신 중 한 분이며, 그 부족의 일반인들보다 화를 더 내지도 않고 덜 내지도 않는다. 예수를 분노하는 자로 묘사한 이들은 분노한 복음서 저자들인 초기의 유대계 그리스도교도들(Jewish Christians)이다. 그들은 그들의 적, 즉 예수를 메시아로 수용하지 않으려는 랍비 유대교도들(Rabbinic Jews)을 사악한 자로 묘사하기 위해서 예수 이야기를 이용하고 있었다. 프로이트는 인간 본성에 대한 훌륭한 관찰자였지만, 폭력적인 문화 속에서 심리학이라는 신생 학문을 시작했던 초심자初心者에 불과했다. 이 서양 심리학은 인도인들이 오래전부터 "내면 과학(Inner Science)"이라 불렀던 심리학에 비하면 상대적으로 늦게 나타났다. 최근 5천여 년 간의 역사 기록이 담고 있는 가부장적, 군국주의적 문화에서 중심적인 신조는, 분노란 불가피하다는 것, 따라서 상비군常備軍, 경찰, 감옥, 엄격한 사회 통제, 사형이 있어야 한다는 것이다. 그러나 우리는 더 잘할 수 있다. 포기할 필요는 없다.

두 번째 극단적인 입장인 '분노에서 해방되기'에 대해서도 나는 동의하는 점도 있고 동의하지 않는 점도 있다. 동의하는 점은 분노는 불가피하게 파괴적이어서 결코 정당화될 수 없으며 유익하지도 않다는 점이다. 그리고 또 나는 비판적 지혜와 흔들림 없는 집중력을 최고 수준으로 길렀을 때, 관습적이고 지나치게 실체화된 미망의 현실을 완전히 탈피해서 분노의 불, 격정의 홍수, 망념의 감옥, 이 모든 것을 철저하게 없애는 것이 가능해지고 열반의 지복(至福, the supreme bliss of Nirvana)을 영원토록 그리고 온전히 얻을 수 있다는 것에도 당연히 동의한다. 여기에는 악한 것도 비실재적인 것도 없다. 열반은 지고의 선성(善性, supreme goodness)으로서, 동서양의 수많은 성자들이 알아낸 "신"의 심정(the heart of "God") 그 자체이다. 심리학이라는 좀 더 정교한 내면 과학이 그 사실을 서양에서 다시 발견하고 있는 중이다.

그러나 열반이란 무엇인가라는 질문으로 돌아가게 되면, 나는 '분노에서 해방되기'에 동의할 수 없다. 열반은 무엇을 위한 것인가? 그것은 단지 자기 자신의 고립된 평화만을 위한 것인가? 이 세상에는 나 이외에 다른 존재들이 여전히 존재하지 않는가? 당신의 열반은 다른 존재들이 경험하는 고통의 세계를 파괴할 것인가? "신"은 순전히 심정만 있고 육화되지 않은 존재여서, 실체가 없지만 여전히 얽매인(illusory-but-still-imprisoned) 존재들을 소홀히 하시는가? 더 이상 분노에 매여 있지 않은 불을, 주변을 따뜻하게 하고 환히 밝히며 다른 이의 고통을 태워 버리는 데 선용할 수는 없을까? 지혜는 불을 휘둘러 등불로 - 무지와 편견이라는 어둠, 그리고 자기중심적인 착각의 어둠을 밝히는 등불로 - 사용할 수 있지 않을까? 붓다(Buddha)는 끝없는 고통을 겪는 다른 이들의 파멸에 대해서 격렬하게 참을 수 없어하는 분이 아니신가? 그럴 때의 붓다는 신神이 그렇듯이 격렬함의 화신化身이 아니신가? 성자聖者들은 속인(the nonsaintly)을 돌보기 위해서 되돌아가지 않는가?

분노가 증오심(hate)에 묶이게 되면, 그것은 합리적인 사람도 고통스러운 악惡의 손아귀로 붙잡아 꼼짝 못하게 만들며, 그 사람을 노예나 도구로 삼아서 증오로 가득한 분노(hateful anger)의 대상을 해치거나 파멸시킨다. 또한 이 행위가 그 과정에서 도구 자신마저 파멸시키는 데도 개의하지 않는다. 이렇게 증오로 가득한 분노는 결코 유용하지 않으며 정당화될 수도 없고, 다른 사람뿐만 아니라 자기 자신에게도 항상 해롭다. 이것이 체계적으로 조직될 때 전면전全面戰이 되고 핵분열을 일으키게 된다. 하지만 다행스럽게도 그러한 분노는 언제나 통제와 억제가 가능하며 결국 방지하거나 피할 수 있고 초월할 수 있다. 분노의 노예라고 해도 틀림없이 스스로를 자유롭게 할 수 있다. 분노의 지배에 항복할 필요는 없다. 그렇게 되면, 분노가 가진 미가공의 중성적인 에너지, 활활 타오르는 격노의 불꽃, "평화로운 원자原子"의 힘은 그 자체가 강력한 전동구電動具가 될 수 있다. 그것은 집을 따뜻하게 하고 어둠을 밝히고 무지의 족쇄를 불태울 수 있다. 자비는 이 불을 다른 존재들의 고통을 없애는 데 아주 강력하게 효율적으로 사용할 수 있다. 분노는 보통 불을 독점하여 그것을 파괴적인 목적을 위해서 사용한다. 우리의 분명한 목표는 분노를 정복하는 것이지, 분노가 잘못 사용해 왔던 불까지 파괴하는 것이 아니다. 우리는 그 불을 지혜롭게 부려서 창조적인 목적을 위해서 사용할 것이다.

이제 우리 같은 유물론자들에게는 아주 도전적인 선언을 하겠다. 만약 이 선언이 사실이라면, 이것은 우리의 "과학적" 세계관 일체를 안팎으로, 위아래로, 정반대로 전복할 것이다. 우리의 상대적 실재 안에서 궁극적인 불, 펄서(pulsar), 초신성超新星의 불꽃, 최후의 심판일의 불, 즉 아인슈타인과 원자로原子爐[5]보다도 더 오래 전에 원자들을 쪼갠 불, 이 불은 결국 불타는 마음(the mind on fire), 비판적 지혜에서 타오르는 불꽃(the searing flame of critical wisdom)이 되고, 그 마음이 가뒀다가 풀어 놓는 궁극 에너지가 된다. 이 사실은 제불(諸佛, buddhas)이 오래 전부터 알아온 것이지만, 우리의 개인적인 경험에서도 진실임이 입증될 수 있는 것이 아닌가! 지혜는 반야(般若, prajñā), 즉 제불의 초지식(超知識, superknowledge)이고 초지성(超知性, superintelligence)이며, 비판적 통찰이다. 이 통찰은 불굴의 열정으로 진정한

---

5 역주: 펄서(pulsar)는 강한 자기장을 가지고 고속 회전을 하며, 주기적으로 전파나 엑스선을 방출하는 천체다. 초신성(超新星, supernova)은 보통 신성보다 일만 배 이상의 빛을 내는 신성이다. 질량이 큰 별이 진화하는 마지막 단계로, 급격한 폭발로 엄청나게 밝아진 뒤 점차 사라진다. 원자로(原子爐, nuclear reactors)는 지속적으로 핵분열을 발생시키거나 이를 제어할 수 있도록 만든 장치다.

실재를 발견하기 위해서 사물들의 피상적인 외양과 궁극적 본성 양쪽 모두를 끝까지 분석하는 것이다. 사물들을 분석한다는 것은 어떤 의미에서는 그것들을 파괴하고, 절단하고, 투시하는 것이고, 그렇게 해서 사물들의 궁극적인 비존재에 직면하는 것이다. 이렇게 해서 우리는 그 사물들의 상대적 존재가 갖는 진정한 성질들이 무엇인지를 정확히 인식한다. 일단 그러한 발견과 인식이 완전하게 되면, 우리는 분노의 도구에서 해방되어 가장 깊은 곳에 있는 저 에너지들의 주인이 된다. 그럴 경우에만 우리는 이전까지 광포한 분노에 묶여 있었던 강력한 에너지를 사물의 세계를 새롭게 만드는 데 돌려 사용하고, 더 잘하면 중생의 삶과 그들의 해방을 지탱하기 위해서 사용할 수 있다.

따라서 "무한신적(infinitheistic)", 과학적, 심리학적인 불교 전통은 인간을 해방하는 초월적 지혜를, 끝이 불로 활활 타고 있는 칼, 해부용 메스, 눈부신 등불, 불타는 금강저金剛杵[6]를 이용해서 상징적으로 표현하고 있다. 유일신 전통은 신앙을 통해서 이 궁극적인 지성과 에너지를 "신의 마음"

6　역주: 원문 그대로 번역하면 '불타는 금속 절단기(a blazing metal cutter)'인데, 맥락상 '금강저(vajra)'를 가리키는 것으로 보인다. 금강저는 무지를 깨뜨리는 지혜를 상징한다.

으로 인식하며, 그것이 모든 사물과 모든 존재를 창조할 수도 파괴할 수도 있다고 본다. 무한신론자들(the infinitheists)과 유일신론자들(the monotheists)의 차이는 다음과 같다. 즉, 후자는 이러한 궁극적 마음, 깨달은 마음에 대한 인간의 접근을 배제하고, 인간과 인간 이외의 존재들이 진화해서 자력으로 완전한 불성(佛性, buddhahood)을 얻을 수 있는 가능성을 배제한다. 그러므로 유일신론자들은 인간이 분노로부터 전면적인 자유를 얻을 수 있다는 진화론적 가능성도 배제한다. 그 이외에도, 해탈한 인간이 예전에는 분노가 통제했던 불을 휘둘러서, 무지의 세계를 파괴하고 다른 모든 존재들을 위한 해방의 세계를 창조할 수 있다는 점도 유일신론자들은 상상할 수 없다. 대부분의 유일신론자가 그랬다. 하지만 소수의 신비주의자와 영지주의자들은 여기저기에서 "신의 마음(the mind of God)"을 체험해 왔다. 그러나우리가 그들을 알게 될 기회는 거의 없었다. 우리의 권위주의적인 서양 사회는 그런 사람들이 나타나자마자 쉽게 제거해 버리기 때문이다!

비판적 지혜를 사용해서 분노의 에너지를 자비의 힘으로 전환시키는 것은, 자기중심적인 존재들이 살고 있는 세속 세계의 안을 뒤집어 보여준다. 미묘한 마음이 어떤 투박한 물질보다도 더 강력하기 때문이다. 또한 그러한 전환은 세속 세계를 위아래로 엎어 버린다. 신의 가장 강한 힘, 별조차도 파괴하는 초신성의 강렬한 불꽃은 우리 각자의 마음과 책임감 안에 있는 것이기 때문이다. 그리고 그러한 전환은 방향을 정반대로 바꾼다. 타인이 자신보다 더 중요해지고, 지혜가 무지보다 복된 것이 되며, 자유가 집착보다 더 자연스러운 것이 되고, 사랑이 증오로 가득한 분노보다 더 강력한 것이 되기 때문이다. 이곳은 분노의 완전 정복이 가능해진 세계이다! 여기에서 생존에 필수적인 진리 안에서 사는 삶, "최고의 생존(supervival)"에 필수적인 공포 없는 삶, 그리고 지복至福과 번영을 누리고 타인을 축복하는 삶이 가능해진다.

1장 중대한 순간

　　분노가 가져오는 끔찍한 공포에 대해서 우리가 함께 시간을 내어 성찰하는 일은 참으로 좋은 일이다. 분노는 서양의 기독교와 이슬람교에서 오랫동안 "대죄(大罪, deadly sin)"[1]로 여겨졌다. 동양의 불교에서도 분노(dveṣa, 瞋)는 번뇌(addiction, kleśa),[2] 또는 독(viṣa, 毒)[3]으로 불리는데, 그것은 탐욕(貪), 무지(癡)와 함께 삼독三毒에 속한다. 삼독은 고통스러운 삶의 진정한 원인, 삼사라(saṃsāra, 輪廻), 즉 해

1　역주: 대죄는 일반적으로 교만, 시기, 탐욕, 탐식, 분노, 정욕, 나태의 일곱 가지 죄를 가리킨다.
2　역주: 원문의 'addiction'을 대부분의 경우는 '중독'이라고 번역했고, 때로는 문맥에 따라서 '번뇌'라고 번역했다.
3　역주: 서먼은 원서에서 dvesha, klesha, visha로 각각 표현하고 있지만, 우리는 표준적 산스크리트 표기를 사용한다.

탈하지 못한 채로 좌절하며 무한히 윤회하는 삶의 진정한 원인이다.

우리 미국과 세계가 다시 한 번 큰 전쟁의 발발 위험에 처한 지금, 고통스런 주제일지는 몰라도 우리가 함께 분노에 대해서 성찰하는 것은 대단히 중요한 일이다. "전쟁"이란 "조직화된 분노(organized anger)"의 또 다른 이름일 뿐이다. 문화적으로 조직화된 분노는 아킬레스(Achilles)부터 터미네이터(Terminator)에 이르는 영웅들을 모델로 해서, 우리의 군국주의적이고 폭력적인 생활방식의 표준을 세우고 있다. 정치적으로 조직화된 분노는 (이제 대테러 선제공격이라는 미명 하에) "테러"를 정복하기 위한 미국의 공격적인 세계 전쟁이 되고 있는데, 그 테러 속으로 기업화된 정부와 그런 정부의 언론 홍보가 우리를 오도하고 있다. CIA의 전前 국장은 점점 커져 가는 이 세계 전쟁을 공공연하게 "제4차 세계 대전"('냉전'을 제3차 세계 대전으로 간주함)이라고 불렀다.[4] 이는 한 세기가 넘게 쉬지 않고 증대하고 있던 지구

---

4 역주: 제임스 울시 전前 CIA 국장은 2003년 4월 2일 로스앤젤레스 캘리포니아 대학(UCLA)에서 냉전을 제3차 대전으로 부른 뒤, 미국은 이란의 종교지도자, 이란과 시리아의 파시스트, 알 카에다와 같은 이슬람 극단주의자들을 대상으로 '제4차 세계 대전'

적인 전쟁 체계가 확대된 주요 사건이다.

우리는 여태 전쟁이 종결될 것이라고 생각해 왔다. 우드로 윌슨(Woodrow Wilson)[5]은 제1차 세계 대전이 모든 전쟁을 종결지을 것이라고 생각했다. 1990년대에는 냉전의 종결이 곧 역사의 종언이라고 생각한 사람들도 있었다.

우리는 새로운 세기의 여명에서 희망의 빛 가운데 서 있었고, 그 새로운 세기 안에서 평화로운 지구 사회가 막 가능해 보이기 시작했다. 그러나 선거가 갑자기 전복되고 (이 전복은 우리를 제외한 지구상의 거의 모든 이들에게는 분명했을 것 같은데), 전후의 "평화 배당금"[6] 일체를 탕진했다. 게다가 9·11 재앙은 성서의 "바벨탑" 대참사를 우리의 대중 무의식에 되살렸으며, 이제 우리는 "테러와의 무한 전쟁" 안으로 깊이 빠져들어 갔다. 우리는 다시 한 번 무한 전쟁의 경제, 문화, 이데올로기의 노예가 되었다.

분노는 전쟁에 에너지를 공급한다. 수소폭탄의 분노, 화

을 벌이는 중이라고 했다.

5 역주: 우드로 윌슨(Woodrow Wilson, 1856년~1924년)은 미국의 28대 대통령으로서, 재임기간은 1913년부터 1921년까지였다.

6 역주: 평화 배당금은 냉전이 끝난 후 축소된 군비를 평화적 목적을 위한 비용으로 사용하는 것을 뜻한다.

학적 분노, 생물학적 분노는 대규모 살상 무기가 되어 이 소행성 위의 모든 생명체를 파멸시킬 수 있음이 분명하다. (생명의 연속성이라는 상식적인 관점에서 보면, 어떤 존재도 달콤한 망각을 보장받을 수 없다. 그것은 단지 현재의 생명-형태life-form나 거주지 지구 행성을 잃는 것일 뿐, 지속적으로 공포에 빠진 존재들은 새로운 집을 찾지만 거기에서도 고통을 겪을 뿐이다.) 영원히 끝날 것 같지 않은 세계 전쟁은 여러 형태의 분노를 신격화한다. 그러한 신격화된 분노는 그 어느 때보다도 더 세계 체제를 지배하고, 그 체제의 폭력적인 경제를 지지하고 있고, 체계 내부에 존재하는 예술, 문화, 미디어, 교육 커리큘럼, 권위주의적 공동체와 가족 형태, 개인의 인격 형성을 지배하고 있다.

그러므로 지금 우리가 분노에 대해서 조사하고 그 본성을 살펴보며, 분노가 정말로 죄인지 독인지를 평가하고, 분노가 얼마나 "치명적"인지를 결정하는 것은, 더욱더 급선무가 되었다.

핵심적인 질문은 다음과 같다. 분노는 삶에서 불가피한 부분이고 타고난 것임에 틀림없어서, 견디며 체념의 태도로 관리해 나가야 할 것인가? 아니면 분노는 금생에 직면하고 극복할 수 있는 것, 그리하여 용인되어야 할 것이 아니라, 개인적·사회적·지구적으로 그것에 반대하고 그것을 패배시킬 수 있는 것인가?

2장 분노에 항복하기 - 개관

　　서양에서 분노는 어떻게 "대죄(deadly sin)"로 부상했는가? 분노는 죄 가운데서도 "치명적(deadly)"이거나 "죽어야 할(mortal)" 죄로 간주되었다. 왜냐하면 분노는 신 안에서의 영혼의 생명(the soul's life)을 죽여 버리고, 우리를 거룩한 지복(divine bliss)과 연결하는 데 치명적으로 실패하게 만들기 때문이다. 심정에 분노를 품은 채로 죽는다면, 즉 분노에 대해서 참회하지도 않고 고백하지도 않고 분노로부터 해방되려고 행동하지도 않고 죽는다면, 이는 지옥에 떨어지도록 스스로를 저주하는 것이다.

　　그래서 서양에서 인간이 사후 미래에도 천국이나 지옥에서 진실로 존재한다는 우주적인 맥락이 없었다면, 분노가 치명적이라고 말해야 할 이유는 전혀 없었을 것이다. 마찬가지로 분노는 동양에서도 "치명적인" 것으로 생각되고 있다. ("죽어야 할"이라는 전문 용어가 서양과 동일한 방식으로 사용되는 것은 아니지만, 분노는 독사로 상징된다.) 왜냐하면 분노는 금생에 사람들이 서로 죽이거나 자신을 죽이는 원인이 되며, 나아가서는 사람들이 가장 비참한 존재로 윤회(rebirth)하게 하는 원인이 되기 때문이다. 즉 지옥의 영역에 태어나거나 아귀(pretan), 축생, 아수라로 태어나게 하고, 인간 중에서도 가장 비참한 처지의 인간으로 태어나게 하기 때문이다. (서양의 사후 세계에 비해서) 그 생물학적 선택지는 참으로 넓고도 끔찍하다!

많은 현대인들은 여전히 분노를 "치명적인" 것으로 생각하긴 하지만, 지금은 죄라고 하기보다는 "부정적인(negative) 감정" 정도로 여긴다. "죄"는 근본주의자나 신비주의적 종교 그룹을 제외하고는 그다지 널리 통용되는 관념이 아니다. 미래의 존재를 상식적으로 상정하던 우주적 맥락은 극적으로 사라져 갔다. 그래서 "치명적인"이라는 말은 이제 금생에 행복의 기회를 얻는 데 치명적으로 실패한다는 뜻, 그리고 아마도 죽이고 죽임을 당해서 금생에서 치명적으로 실패할 수도 있음을 뜻할 뿐이다. 더 이상 감정이나 행동이 영혼에 치명적이라는 의미는 거의 없다. 왜냐하면 유물론자들과 (문화적으로는 유물론자이면서) 이념적으로만 종교를 믿는 자들은 자신들이 정말로 "영혼"을 "갖고" 있다고 느끼지 않기 때문이다. 그래서 그들은 내세의 윤회나 개인적 지속성에 대한 본능적(visceral) 관심이 거의 없다. 종교의식 조사원들에 의하면, 거의 90퍼센트의, 또는 터무니없이 높은 비율의 미국인들이 자신들이 내세에도 존재하고 천국에 갈 것이라 확신한다고 한다. (예수의 은총에 의해서든, 유대교도나 이슬람교도라면 신에게 직접 간청해서든 천국에 갈 것이라고 확신한다고 한다.) 하지만 동네 주변 사람들에 대한 내 경험으로 보면, 그런 조사 결과를 믿을 수가 없다. 그런 조사 결과가 사실이었다고 해도, 아마 거기 답한 사람들이 생각하는 내세란 거기에 이르는 데 분노가 큰 문제가 되는 그런 세계는 아닌 듯하다. 적어도 분노는 예수나 하나님이 당신을 구원해 내지 못할 정도로 문제가 되는 것, 그래서 당신에게 지독히 치명적인 것은 아니다. 더욱이 하나님과 예수는 그들 스스로 이교도와 죄인들, 천한 자든 이방인이든 신의 비선민(非選民, nonelect persons) 모두에게 일종의 의분(righteous anger)을 드러냈으며, 다른 사람들도 그렇게 하도록 용납한 듯하다.

그래서 현대 서양의 종교에서 분노는 그렇게 심각한 문제로 간주되지 않는다. 분노는 폭풍이나 번개처럼 자연 현상과 같은 것이다. 그리고 분노는 남성의 특권이나 권위의 특전으로 존중되기까지 하는 것 같다. 여성의 분노는 아마도 좀 더 눈살 찌푸려지는 행동으로, 잔소리나 히스테리로 생각되는 것 같다.

그러므로 의분, 즉 범죄와 부정不正에 맞서는 의분, 의무 태만자와 주제넘게 나서는 사람들에 맞서는 의분, 사치와 빈곤에 맞서는 의분이라는 것도 있다. 의분의 대상에는 처벌해야 할 개인에서부터, 박멸 운동의 대상이 되어야 할 집단이 있다. 그래서 일부의 현대 종교인들은 분노를 어느 정도는 도덕적 · 실천적으로 문제가 있는 것으로 보고 자제하려 분투노력해야 할 것으로, 또 어느 정도는 존중하고 많은 사용처를 가진 것으로 보고 있다. 그리고 그들은 분노란 궁극적으로는 우리의 완전한 이해나 통제를 넘어서서 자연의 영역이나 신의 영역에 있는 것으로 본다. 그런 종교인들은 사형과 엄격한 교도소법의 형식으로 나타나는 분노, 그리고 마약, 테러리즘, 문맹 등에 대한 성전聖戰의 형식으로 나타나는 분노를 좋아한다.

그런데 세속주의자들 – 내 생각에는 내가 아는 대부분의 사람들이 여기에 속할 것인데 (종교의식 조사 상으로는 단지 5~10퍼센트의 미국인만 여기에 속한다지만) – 은 분노에 대해서 아주 다른 견해를 갖고 있다. 이들은 "대죄"로서의 분노를, 종교 기관들이 자연적 인간(the natural human being)을 억압하기 위해서 사용해 왔던 개념들의 쓰레기통에 처넣는다. 세속주의자들은 죄나 죄책감이라는 관념 일반을 극히 싫어한다. 그리고 그들은 분노가 심신을 쇠약하게 해서 건강을 망치는 결과를 낳는다는 최신 과학적 증거에 대해서 우려하고 있다. 그들은 그러한 증거에 오류가 없는지, 즉 실험실 안에 종교적 사유가 침투해서 생긴 편견에서 온 오류가 없는지 의심하고 있다.

여하튼 이런 세속주의자들은 분노를 좋아하고, "분노 조절(anger management)"이라는 최신 기술을 습득해서 분노를 유용한 감정이나 에너지로 복권시키려고 열심이다. 특히 해방된 현대 여성들은 분노에 대한 그들의 정당한 접근을 주장하기로, 그리고 그 분노를 사용해서 남성 우월주의

자의 위협과 지배, 억압을 떨쳐 버리기로 결심했다. 그들도 분노가 자신이나 인간관계, 다른 사람에게 파괴적일 수 있음을 깨닫고는 있다.

그러나 그들은 오랫동안 인내해 온 자신들의 무자비한 억압적 상황 속에서, 압제적인 경제적·문화적·사회적 관계 속에서, 분노가 보이지 않게 지하에서 작동하고 있다고 느끼고 있고, 분노가 자신들 속이 아닌 열린 곳을 향하여 밖으로 분출되지 않는다면, 도리어 자신들에게 피해를 입힐 것이라고 느끼고 있다. 세속주의자들은 불쾌한 내세에 대한 공포 없이 지금 여기의 상황을 향상시키기로 결심하고, 분노를 그러한 기획에 사용될 강력한 에너지로, 즉 명백하고 현존하는 행복에 대한 장애물을 제거할 수 있는 에너지로 본다.

나는 세속주의자들의 용기와 목표에 대해서 상당 부분 공감한다. 하지만 그들이 그런 선택을 하게 된 맥락의 현실성(realism)에 대해서, 그리고 그들이 분노의 에너지를 최대한 잘 활용하고 있는지에 대해서는 의심한다. 세속주의자들이 동시대의 종교인들과 공유하고 있는 생각 하나가 있다. 그것은 분노란 불가피한 힘, 자연의 힘, 우리와 저들 안에 "내장되어 있는" 것이라는 생각이다. 그래서 그들은 그 분노의 극복이라는 목표를 수용하지 않는다. 물론 그들도 누구나 그래야 하듯이 어떤 상황에서는 분노의 억제를 실천하고 있다. 하지만 분노를 초월하려는 어떠한 기획도 애당초 실패할 운명이라고 간주한다. 이 때문에 그들은 평화 만들기(peacemaking), 군비축소, 비폭력적 생활방식을 싫어한다. 그러한 모든 시도들을 모두 비현실적인 유토피아적 이상주의로 간주한다. 또한 아직도 마르크스주의자나 마오주의자와 같이 분노와 의로운 폭력(righteous violence)을 칭송하는 혁명가들이 몇몇 남아 있다.

지금 서양의 종교인들은 유대인의 성경(구약성경)과 그리스도교의 복음(신약성경) 안에 있는 윤리 규범을 확실히 가지고 있다. 분노는 이 윤리 규범을 깨뜨리고 살인과 중상모략, 악의를 야기한다. 그래서 그들은 더 고상하고 더욱 강력한 분노의 힘들(angrier powers)이 자신들의 분노가 가져올 결과로부터 자신들을 구원해 줄 것이라고 생각하고 있지만, 분노를 억제하고 완화시켜서 자신들을 죄 짓는 행동으로 빠뜨리지 않도록 애써야 할 동기와 계율을 분명히 가지고 있다.

구약성경의 시편 4장 4절에서는 "분노하라. 그러나 죄는 짓지 말라(Be angry, but sin not!)"[7]고 한다. 마태복음 5장 22절에서 예수는 "나는 너희에게 이르노니 형제에게 분노하는 자마다 심판을 받게 되리라"고 한다.[8]

세속주의자들은 인간이 죽음과 함께 완전 소멸한다는 교리를 믿고 있기 때문에 내세의 지옥을 두려워하지 않는다. 그래서 그들은 더 자유롭게 권위에 도전하고 불의(injustice)를 바로잡으려 과감하게 노력하며 인도주의적 사회운동가가 되는 경향이 있다. 또한 이들은 타인의 생명, 재산, 신체 등을 존중하는 인권 관련 윤리 규범들을 가지고 있지만, 이런 규범들이 분노의 마법 아래에서는 깨질 것임을 알고 있다.

그러나 종교인이든 세속주의자든 이들 서양의 전사들은 분노와의 전장戰場에서, 막강한 적과의 전투에서 승리할 가능성이 높지 않다. 종교인들은 분노에 도전하려고 그리

---

7 역주: 성경 개역개정판에서는 이 부분을 "너희는 떨며 범죄하지 말지어다"로 쓰고 있다. 여기서는 저자가 "Be angry, but sin not!"이라고 했기 때문에 "분노하라. 그러나 죄는 짓지 말라"로 번역했다.

8 역주: 원문에는 '21장 22절'로 되어 있지만, 해당 내용은 마태복음 5장 22절에 나오기에 수정했다.

애쓰지도 않는다. 왜냐하면 신이 분노의 원형을 만들었고 그것도 태초부터 그랬기 때문이고, 그들 자신들의 본성을 바꿀 수 있다고 생각하는 것은 교만의 죄를 범하는 것이라고 믿기 때문이다. 그들은 우리들이 의로울 때는 분노가 선한 것일 수도 있다고 생각한다.

인도주의자들도 분노에 맞서려고 크게 애쓰지 않는다. 그들이 분노를 선한(good) 것으로, 자기 보존을 위한 자연 에너지 겸 생존 가능성을 향상시키는 신경생물학적 반응으로 생각하기 때문이다. 그리고 그들은 비윤리적 행동들이 자신들에게 장기적으로 손해가 되는 결과를 초래할 것이라고 생각하지도 않는다. 죽기만 하면 자신들이 철저하게 소멸할 것이라고 생각하기 때문이다. 그래서 이러한 두 유형의 사람들 모두 분노를 아주 치명적인 것으로 간주하지 않는다. 따라서 어느 쪽도 분노를 진실로 통제할 수단을 계발할 가망성은 별로 없다.

이들 두 유형의 사람들이 현대와 탈현대의 서양 문화 또는 서양 기원의 문화 담지자擔持者들의 대다수를 차지하는 것은 우연이 아니다. 사실 이 문화는 여태 지구상에 나타난 문화 중 가장 폭력적이면서도 가장 군국주의적이라는 의미에서, 여태 나온 문화들 중에서 가장 분노한(the most angry) 문화이다.

우리는 아테네를 예찬하고 있지만 스파르타인보다 더 스파르타인 같고, 로마인보다도 더 로마인 같으며, 제국주의자보다도 더 제국주의자 같다. 특히 미국인들은 아메리카 원주민을 대량으로 학살하고 아프리카 미국인을 노예로 삼고 학살한 자들의 후예들인데도, 그 사실을 여전히 부정하고 있다. 미국인들은 펜타곤의 아이들이고 핵무기를 부리는 자이고, 전례 없이 강한 독성을 지닌 엄청난 양의 화학무기와 생물무기의 생산자이다. 우리 미국 문화는 지금까지 어머니 지구에 나타난 문화 중 가장 군국주의적이다. 미국은 전지구적으로 소小-군국주의적(mini-militaristic) 문화를 양산하고 있는데, 그 문화는 꼭두각시 독재자가 지배하고 있고, 미국산 중고 무기를 장착하고 미군 흉내를 내고 있는 군대가 지탱하고 있다. 미국은 이들 나라에 영감을 주는 모델 역할을 하지만, 이 나라들이 미국과 똑같은 수준의 막강한 군사력에 이르는 것은 결코 용납하지 않는다.

나는 최근에 민주주의가 손상된 이후로 극히 명백해진 미국의 제국주의적 비전을 과장할 의도는 없다. 여기서의 요점은, 분노, 분노의 모습과 그것이 견고하게 뿌리를 내리는 습성, 그것이 체계적으로 양성되어 사회 내부에 만연한 폭력이 되고 군사적으로는 국제적 폭력이 된 것이, 우리 문화 내의 구성원이 되기 위해서 배워 온 훈련의 일부라는 데 있다.

우리는 어릴 때 《로드 러너(Road Runner)》[9]와 《톰과 제리(Tom and Jerry)》 만화를 보는데, 이것들은 우리 신경계 안에 폭력을 사정없이 각인시킨다. 우리는 학교에서 〈공화국 전투 찬가(Battle Hymn of the Republic)〉[10]를 배우고, 전쟁을 찬양하는 국가國歌를 부른다.[11] 우리는 《일리아드(Iliad)》

---

9 역주: 《톰과 제리》처럼 코요테가 로드 러너라는 새를 잡으려고 쫓고, 로드 러너는 도망다니는 만화 영화다.

10 역주: 미국 남북전쟁 때 북군의 애국가이다. 가사는 다음과 같다. "주님께서 재림하시는 영광이 나의 눈에 보이네. 재어 두신 분노의 포도를 짓밟으며 오시네. 공포의 검을 휘둘러 운명의 번개를 내리시노라. 주님의 진리가 다가오나니. 영광, 영광, 할렐루야! 영광, 영광, 할렐루야! 영광, 영광, 할렐루야! 주님의 진리가 오고 있나니. 나는 수많은 진지의 모닥불 속에서 주님을 보았네. 병사들은 저녁 이슬과 습기 속에서 주님의 제단을 쌓았네. 나는 흐릿하게 일렁이는 등불 아래서도 주님의 올바른 판결을 읽을 수 있어라. 주님의 날이 오고 있나니…〈후략〉…"

11 역주: 미국 국가 1절은 다음과 같다. "오, 그대는 보이는가. 이른 새벽 여명 사이로 어제 황혼의 미광 속에서 우리가 그토록 자랑스럽게 환호했던, 널찍한 띠와 빛나는 별들이 새겨진 저 깃발이, 치열한 전투 중에서도 우리가 사수한 성벽 위에서 당당히 나부

를 읽고 그것을 추앙하도록 배우고, 온갖 종류의 적들에 대항해서 싸운 다윗과 고대 이스라엘인의 전투에 찬탄하도록 배우며, 셰익스피어(Shakespeare)가 영국 왕들이나 카이사르의 폭력적인 행적들을 연대순으로 기록한 것에 대해서 외경심을 품으라고 배운다. 우리는 자신의 삼촌을 죽이는 햄릿을 성원하고, 최근 영화에 나오는 람보, 《터미네이터》, 《스타워즈》, 《에일리언》의 전사들, 이소룡, 《킬 빌(Kill Bill)》 등을 좋아한다. 학교에는 체육관과 경기장이 갖추어져 있다. 우리는 학교에서 미식축구, 축구, 농구, 하키, 라크로스,[12] 레슬링, 육상 경기 등 미니 전쟁 게임을 하며, 팀워크 같은 전쟁 기술을 기르고, 달리기, 창던지기, 원반던지기 등에서 만나는 적수에게 분노를 집중할 것을 배운다.

세뇌라고까지 할 수는 없어도 우리를 기르고 조정해 온 이러한 문화적 상황에 직면하여, 우리는 분노가 유해하고 부정적 결과를 가져온다는 생각에 대한 강한 저항이 우리

끼고 있는 것이. 포탄의 붉은 섬광과 창공에서 작렬하는 폭탄이 밤새 우리의 깃발이 휘날린 증거라오. 성조기는 지금도 휘날리고 있는가. 자유의 땅과 용자들의 고향에서!"

12 역주: 라크로스는 열 명이 한 팀을 이루는 두 팀이, 크로스(crosse)라는 라켓을 사용하여 경기하는 하키 비슷한 게임이다.

자신 안에 있다는 점에 대해서 경각심을 가져야 한다. 그리고 분노, 폭력, 전쟁으로 이뤄진 군국주의 문화에 종속시키려는 개인적·집단적 노예화로부터 우리 자신을 해방시키려면, 우리는 분노가 유해하고 부정적 결과를 가져온다는 생각을 받아들이고 면밀히 살펴보아야 한다.

여기에서 우리는 유럽과 미국의 군국주의 문화에 대한 자기비판에 대항해서 종종 제기되는 다음과 같은 반론에 맞서야 한다. 그 반론은 다음과 같다. 즉 "모든 문화는 동일하다. 한국, 몽고, 일본, 티베트는 말할 것도 없고 중국, 인도, 이란, 동남아시아는 모두 과거와 현재에 쉽게 폭력에 빠졌고, 전쟁과 잔학행위, 살육으로 점철된 오랜 역사의 지배를 받았다. 왜 우리가 근대에 들어와서 세계 정복을 잘한다는 이유로, 그리고 이 순간 여전히 정점에 있다는 이유로 마음이 불편해야 하는가?"

이런 비판에 일리가 있음은 분명하다. 우리가 동양에 눈을 돌린 첫 순간에 만나는 것은 일련의 전쟁 서사시이다. 인도의《마하바라타(Mahābhārata, 기원전 4세기 경)》는《일리아드(Iliad)》보다도 서른다섯 배나 긴데, 그 서사시는 아킬레스를 연상시키는 비마(Bhīma), 드로나(Droṇa), 아르주나

(Arjuna)라는 허세에 찬 람보들로 가득 차 있다. 그 서사시에는 현명한 조언과 감동적인 이야기만 있는 것이 아니라, 소름끼치는 살육과 배반, 여성학대도 있다. 너무나도 마키아벨리적인 전략으로 가득한 정치학 저작도 있는데, 카우틸랴(Kautilya)의 《아르타샤스트라(Arthaśāstra, 기원전 3세기 경)》와 같은 것이 바로 그것이다.

우리는 이 책에서 냉소주의, 전쟁, 전투, 왕위 찬탈, 음모, 암살 등의 역사를 발견하게 된다. 인도의 《베다(Veda, 기원전 1500년 경)》에는 감동적인 부족 군가軍歌와 험악한 주신主神인 인드라신 – 이 신은 번개를 가진 신, 그라마가타카(Gramaghataka), 즉 도시 파괴 신으로도 알려져 있다 – 을 불러내는 기원문이 있고, 전투에서의 승리에 대한 요청도 있다. 힌두교 근본 경전인 《바가바드기타(Bhagavadgītā, 3세기 경)》에서 유일신교적 신 비슈누(Viṣṇu)의 화신인 크리슈나(Kṛṣṇa)는 고뇌하는 아르주나 왕자에게 적들과 싸워서 적들을 죽여야 한다고 말한다. 그것이 왕이자 전사인 아르주나 왕자의 종교적 의무이고, 그들의 죽음에 궁극적인 책임이 있는 자는 신 자신이니 염려할 필요가 없다고 말한다.

중국의 《시경詩經》과 《춘추春秋》(기원전 6세기 경)는 수많은 전투와 전사들을 열거하며 그들을 칭송한다. 만약 우리가 기록을 주의 깊게 살펴본다면 아시아에 있는 모든 나라들이 그러할 것이다. 달라봤자 그게 그거다!

그래서 우리는 "동양"에서도 똑같은 자기중심적 이기심을 실제로 발견한다. 이 이기심은 자아의 실체성이라는 동일한 환상에 뿌리를 내리고 있고, 타자를 삼키려는 욕구로 나타나고, 자신의 자아를 삼키려는 타자의 위협을 인지하게 되면 공포와 분노로도 나타난다.

신들 중에는 대단히 폭력적이고 분노하고 무시무시한 형상을 한 고대 부족신들이 있다.《베다》의 그 유명한 신 인드라(Indra)는 베다인들의 적에게 점점 더 심하게 화를 내고 있는데, 이런 형상은 야훼(Iahwe)나 제우스(Zeus)나 오딘(Odin)과 같다. 비슈누(Viṣṇu)와 시바(Śiva) 같은 유일신의 형상도 존재하는데, 이들은 여러 방식으로 나타난다.《바가바드기타》에서 마하칼라(Mahākāla), 즉 "위대한 시간"으로 현현한 비슈누신은 극도로 무섭고 분노하고 파괴적이며 세계를 집어삼키는 자로 나타나고, 우주 파괴의 춤을 추는 시바의 화신인 바이라바(Bhairava, "무시무시한 자")로도 나타나는데, 마하칼라와 바이라바는 둘 다 극히 파괴적이며 격렬한 분노의 원형을 보여주고 있다. 다음으로는 위대한 모신母神의 화신인 두르가(Durgā)와 칼리(Kālī) 신이 있는데, 이 모신은 분노하며 폭력적이어서, 평범한 사람이나 신, 악마로 하여금 악몽을 꾸게 할 정도이다.

더욱이 동양에는 많은 사람들이 놀랄만한 또 다른 요소도 있다. 그것은 세속주의적, 혹은 유물론적 흐름이다. 인도의 세속주의자들은 하나의 철학 학파로서 차르바카(Cārvāka) 또는 로카야타(Lokāyata)라고 불렸다. 그들은 마음이나 영혼은 없고 오직 물질만 있으며, 전생과 내생도 없다고 믿었다. 그리고 인간의 개인 의식(personal consciousness)은 물질 양자(material quanta)가 혼란스럽게 배열된 복합체로부터 무작위로 발생한 사건일 뿐이라고 믿었다. 나는 그들이 유신론자를 겨냥해서 한 말 중에서 다음의 말이 가장 마음에 든다.

"만약 불 희생제사에서 신들에게 공물을 드릴 수 있다면, 왜 한 번에 조금씩만 드리는가? 왜 수확물 전부를 불 속에 던진 다음, 당신 자신도 불에 뛰어들어 공양물과 함께 모두 천국에 가지 않는가?"

"깨달음" 즉 불성(佛性, buddhahood)이란 생의 연속을 통해서 얻게 되는 심신心身의 완전이라는 진화의 궁극적 결과인데, 이 깨달음이 그들에게는 분명히 믿을만한 목표가 되지 못했다. 그들은 일체의 일관된 인과론을 부정했기 때문이다. 그들에게는 죄도 없고 부정적인 진화적 행동도 없었으며, 있는 것이라고는 금생에서 즐긴 것이나, 피할 수 있었던 일인데, 이런 행위에는 어떤 특정한 부정적 결과가 따르는 것도 아니다. "먹고 마시며 즐기자. 내일은 우리가 죽어서 무無가 될지 모르니!"

철학자들 이외에, 로카야타 수행자들은 부유하고 여가 시간이 많았던 세련된 도시인이었다. 그들의 행위는 《카마수트라(Kāmasūtra)》 문헌을 통해서 알 수 있다. 그 문헌은 성적性的, 사교적, 예술적 쾌락을 세련되게 추구하고 있다. 그리고 현실정치를 실용적으로 다루는 문헌인 《아르타샤스트라(Arthaśāstra)》에서는 국가의 부와 권력을 극대화하는 방법에 대한 그들의 엄격한 정치 관리 이론이 나온다. 이들 세속주의자들은 꼭 "현대 서양인"을 연상시키지 않는가?

중국과 다른 아시아 국가들도 위에서 말한 우주론의 변형들, 그리고 감정들(emotions)에 대해서 여러 변형된 태도를 가지고 있었다. 그러나 인도는 고대 아시아의 모든 문화들 중에서도 가장 강력하고 가장 영향력이 있었는데, 이는 인도 아대륙亞大陸이 부와 면적에 있어서 다른 문화에 비해서 상대적으로 강대했기 때문이다.

그러나 동양에서는 불교, 자이나교, 힌두교의 요가학파와 베단타학파, 도가 문화 흐름에서 하나의 다른 요소가 주류로 등장했다.

이것들은 "내면 과학"을 발전시켰는데, 이 내면 과학은 효과적인 심층 심리학으로서 분노의 노예가 되는 것을 간파하고 비판했고, 생물학적 이론에 연결해서 진화론적인 다생의 관점(evolutionary multilife perspective)[13]을 발견했다. 그 내면 과학은 바로 지금 여기의 소중한 인생에서 탐진치貪瞋癡에 대한 중독을 정복할 수 있는 실천적인 길을 가르침으로써, 스스로도 자유를 누리게 하고 다른 사람들에게도 그 결실을 전수할 수 있는 능력을 갖게 한다. 결과적으로 개인과 사회를 무장해제시킨다.

이런 요소가 서양에 전혀 없는 것은 아니다. 서양을 넘어

---

13 역주: 다른 말로 하면 다생의 윤회를 거쳐서 진화가 이뤄진다는 말이다. 저자는 윤회설이 다생을 함축하고 있다는 점을 내세워 생물학적 이론으로 부르고 있다. 결국 서먼은 불교적인 다생론, 즉 윤회설을 윤리적인 진화론으로 이해하고 있다.

서서, 그리고 그리스, 이집트, 유대, 로마, 북부 국가들의 부족적·민족주의적 경향을 넘어서서, 기독교 신비주의 내에는 평화적 보편주의(peaceful universalism) 가닥이 미약하게나마 있다. 이 가닥은 폭력과 군국주의를 비판하는 산상수훈의 지복(Beatitudes)의 가르침에 근거한 수도원적인 자기 규제의 가닥인데, 이는 십자가 자체를 한편으로는 카이사르(Caesar), 다른 한편으로는 부족적 "아버지 신"에 대한 궁극적인 비판으로 보는 길이다. 다만 동양에서는 부족적·민족주의적 경향이 계속 유지되는 중에서도 붓다주의자(the Buddha-ist) 혹은 "깨달음주의자(Enlightenment-ist)" 운동의 형식으로 상대적으로 더 두터운 가닥으로 존재한다. 이는 평화적 보편주의를 주장하는 광범위한 운동이었고, 훨씬 고대에 널리 퍼져 있던 기관 – 기독교의 수도원 제도가 시작되기 700년도 더 전에 번창했던 기관 – 에서 행해지던 수도원적 자기 규제를 기반으로 한다. 인도 사회가 가지고 있는 상대적으로 더 큰 관용 때문에, 이러한 깨달음 운동(enlightenment movement)이 주류에 가깝게 펼쳐졌고 마침내는 아시아 사회 전체로 퍼져나갔다.

깨달음 운동은 내면 과학 심리학(Inner Science psychology)

을 기초로 한 교육과 자기 수양의 체계적 길이었다. 그 내면 과학은 개인에게는 분노(瞋), 탐욕(貪), 무지(癡)로부터의 진정한 자유를, 사회에는 진정한 비폭력과 상대적 평화를 약속하거나 최소한 전달하는 것처럼 보였다.

요컨대, 군국주의로 착색된 렌즈를 낀 서양 역사학자들에게는 놀라운 일이겠지만, 한때 유럽인이나 미국인처럼 폭력적이었던 동양에, 여러 사회가 진실로 점진적으로 비무장화했다는 기록, 비교적 높은 수준의 평화에 도달했다는 기록이 있다.

물론 지난 수세기의 제국주의 역사학자들도 그 기록을 언급하긴 했다. 그러나 그들은 그것을 "데카당스(퇴폐)"로 폄하했다. 그리고 그들은 그 기록을 서양이 동양을 정복할 수 있게 해 주었던 것으로, 서양인들이 열등하고 수동적이고 비폭력적이고 "아이 같고" "여성적인" 동양인들에 비해서 우월하다는 점을 증명하는 것으로 폄하했다. 그러나 문화 또는 문명에 대한 그 어떤 계몽적인 정의로도, 우월한 쪽으로 평가되는 것은 분명 온화한 희생자이지 정복자라는 폭력적인 악당은 아닐 것이다.

이 논고는 지금까지 요약한 내용을 아치를 그리며 논하

다가 결국 사안의 핵심인 바로 이 지점으로 돌아올 것이다. 우리가 가장 실재적으로 생각하는 "분노"란 무엇인가? 분노는 어떻게 우리를 노예로 삼고 우리의 삶을 망가뜨리는가? 분노는 정복될 수 있는가? 만약 그렇다면, 어떻게? 일단 분노가 정복되면, 분노가 이전에 독점하던 그 에너지를 활동적으로 사용해서 사물들과 사건들을 보다 긍정적으로 만들 수 있을까?

3장 분노란 무엇인가?

　　"Anger(분노)"는 영어 단어이다. 그래서 히브리어 성경과 그리스어 성경, 그리스어로 쓴 아리스토텔레스(Aristotle)의 저작, 또는 산스크리트어나 티베트어 자료를 영어로 번역한 것에서 "Anger"를 읽을 때 우리는 이 사실을, 즉 어떤 다른 원어로부터 번역된 것을 읽고 있음을 기억해야 한다. 《옥스퍼드 영어 사전(Oxford English Dictionary)》에 의하면, Anger는 고대 노르웨이어(Norse)의 angr로부터 유래한 것으로 보이는데, 이는 "곤란(trouble)", "고뇌(affliction)", 심지어 "고통(pain)"을 의미한다고 한다. 이 어원에 따르면 분노는 고통이고, 고통을 느끼는 데서 오고, 남에게 고통을 가하기도 한다는 것을 말해도 될 것 같다.《웹스터 대학생용 사전(Webster's Collegiate Dictionary)》에는 이와 관련하여 현재도 사용하고 있는 세 번째 정의 다음에 몇 가지 유용한 구절을 싣고 있다.

불쾌의 강한 정념이나 감정, 보통 상처나 모욕감에 의해서 일어나는 적대감. 유의어로는 분노(Anger), 노여움(ire), 격분(rage), 격노(fury), 분개(indignation), 진노(wrath)가 있는데, 이것들은 강렬한 불쾌감에 의해서 야기된 감정적 흥분을 의미한다. 분노는 이 그룹에서 포괄적인 용어이며, 맥락을 떠나서는 강렬함의 명확한 정도나 외면적 현현을 제시할 수 없다. 노여움(ire)은 아어雅語로 치부되긴 하나, 좀 더 강렬한 것이다. 격분(rage)은 감정의 자기 통제에 실패한 것을 의미하는데, 종종 일시적인 정신 착란을 암시한다. 격노(fury)는 격분 이상으로, 압도적인 정념을 함축하며 광기에 가깝다. 분개는 깊고 강렬하며 종종 의분(righteous anger)[14]임을 강조하는데, 비열하고 수치스러운 것, 또는 그와 유사한 것으로 평가하는 것에 의해서 일어

---

14 역주: indignation은 '분개'로 번역하지만, righteous anger와 righteous indignation은 모두 '의분'으로 번역한다.

난 분노이다. 진노는 그 감정적 기반이 격분이나 분개를 의미하지만, 보복하고 벌주고 복수하려는 욕망이나 의도를 의미한다.

내가 이렇게 길게 인용한 이유는, 이렇게 하는 것이 권위자들도 분노에 대해서 얼마나 의견이 다를 수 있는지를 이해하는 데, 이런 불일치가 종종 실체가 있어서라기보다는 단지 의미론적인 것임을 보여주는 데 도움이 되기 때문이다. 이 파괴적인 감정적 방향(emotional direction)을 가리키는 가장 폭넓은 용어인 "분노"는 분명히 산스크리트어에서 핵심어인 드웨사(dveṣa)의 정확한 번역어이다. 이것은 아리스토텔레스와 신약성서에서 사용된 그리스어 오르게(orge)의 정확한 번역어이기도 하다.

그런데 웹스터 사전과 옥스퍼드 사전 모두 "증오(hate)"를 분노의 유의어로 언급하고 있지 않다는 점은 흥미롭다. 거기서 "증오"는 "강렬한 싫음(intense dislike)"으로 설명되는데, 혐오하다(detest), 몹시 싫어하다(abhor), 질색하다(abominate), 몹시 진저리내다(loathe)와 같은 계열의 동사이다. 그래서 "증오"는 좀 더 개념적 · 정신적 태도이고,

"분노"는 감정적 상태를 지칭하는 것으로 보인다.

불교 심리학은 "증오"와 "분노" 모두에 대해서 드웨사를 사용하는데, 사실 하나의 번뇌(kleśa, "근본 악" 또는 "감정적 중독")로서의 드웨사는 "증노(憎怒, hate-anger)"로 번역하는 것이 더 나을 것이다. 실제로 티베트어에서는 쉐당(zhe sdang)으로 번역하는데, 쉐(zhe)는 강력한 혐오를, 당(sdang)은 맹렬한 공격을 의미한다.[15] 영어에서 증오와 분노가 분리되어 있다는 사실은, 각각에 좋은 것과 나쁜 것 두 종류가 어떤 식으로 있을 수 있는지를 단번에 우리에게 알려준다. 그래서 좋은 증오(good hate)는 진실로 나쁘고 불쾌한 것을 싫어하는 것이고 완벽하게 건전한 태도이다. 나쁜 증오(bad hate)는 다른 분위기나 다른 상황에서라면 좋거나 유쾌할 수도 있는 것을 싫어하는 것이다. 좋은 분노(good anger)는 선한 것에 방해가 되는 나쁘거나 불쾌한 것을 파괴하려는 공격적인 정신 활동이다. 나쁜 분노(bad anger)는 선한 것을 파괴하려는 공격적인 정신 활동이다.

---

15 역주: 드웨사(dveṣa)에 해당하는 티베트어는 쉐당(ཞེ་སྡང་)이며, 원문에서 서먼은 'zhe dvang'으로 표기했다. 그러나 여기서는 더 일반적인 표기에 따라 'zhe sdang'으로 표기했다.

당분간 무엇이 좋고 나쁜지를 정의하지 않으려고 한다면, 이러한 구분은 그리 복잡하지 않다.

아리스토텔레스는 분노를 "감정"으로 정의하면서 별로 비난하지 않는데, 그것은 다음과 같다.

자기 자신이나 자신의 친구와 관련해서 부당하고 명백한 모욕에 대해서 명백한 복수에로의 충동이며 고통을 수반한다. 그것은 언제나 어떤 특정인을 대상으로 해서 느끼는 것이다. 이것에는 언제나 모종의 즐거움 – 복수에 대한 기대로부터 일어나는 즐거움 – 이 따른다. 진노에 대해서 "그것은 천천히 떨어지는 꿀보다도 더 달콤하고 연기처럼 사람의 가슴을 감싼다"라고 잘 말하고 있다. 분노에 모종의 즐거움이 따르는 이유는 앙갚음의 행위에 대해서 생각하고, 그렇게 해서 떠오른 이미지들이 마치 꿈에서 떠오른 이미지들이 그러하듯이 즐거움을 주기 때문이다.[16]

(*Rhetoric*, p.77, 인용 부분은 *Iliad*, XVIII, 125-6.)

---

16 역주: 아리스토텔레스, 《수사학》 II, 이종오 역, 리젬, 2007, 16-17쪽 참조.

그리스 철학자이자 알렉산더 대왕의 스승인 아리스토텔레스는 분노를 "죄"의 일종이라거나 치명적인 것 등으로 생각하지 않았다. 그는 분노를 완전히 정상적인 감정적 반응과 정상적인 정신적 태도로 보았다.

아리스토텔레스는 유용한 분노에 대해서 힌트를 주고 있는데, 그것을 "공포(fear)"와 연결시키고 있다. 그는 공포를 다음과 같이 정의한다. 즉 "미래에 있을 어떤 파괴적이고 고통스러운 악에 대한 심상心象이 야기하는 고통이나 불안이다. …… 너무 먼 미래가 아니라 곧 닥칠 임박한 미래이다. …… 공포는 큰 고통을 일으키는 방식으로 우리를 파멸시키거나 해치는 커다란 힘을 갖고 있어서 우리가 두려워하는 모든 것들에 의해서 야기된다."라고.

그는 분노가 공포를 물리치고 사람들에게 그들이 위협으로 인지한 것을 처리할 만한 자신감을 줄 수 있다고 기술한다. 그렇지 않으면 사람들은 공포로 마비될지도 모른다. 불교 심리학은 공포를 분노와 그렇게 밀접하게 연결시키는 것 같지는 않다.

실제로 아비달마(Abhidharma, 阿毘達磨)", 즉 "명석한 과학(clear science)"으로 알려진 문헌에서는 감정과 심적 태도를 해부하듯이 연구하여 목록을 만들었는데, 놀랍게도 이 목록에는 공포가 없다.

유대인의 구약성경에서, 사방을 둘러보면 가장 분노하는 자는 아마도 신 자신인 듯하다.

신은 세계를 창조하고 아담과 이브를 모든 동물과 함께 에덴동산에 살게 할 정도로 행복한 것처럼 보인다. 그러나 뱀이 이브를 부추겨 아담에게 금단의 열매를 먹도록 확신을 심어주자 신은 노한다(mad).

신은 뱀을 저주해서 다리를 없앤다. 그리고 이브를 저주하여 아이를 낳는 고통을 겪고 남자에게 종속되도록 한다. 또 신은 아담을 저주하여 종국에는 죽음에 이르도록 한다. 그리고 그는 심지어 땅도 저주하여 힘들게 노동하지 않고서는 양식을 내놓지 못하도록 한다. 신은 아담과 이브 모두를 에덴에서 추방한다.

얼마 후에 신은 질투 때문에 동생을 죽인 카인에게 노한다. 얼마 안 가 신은 "신의 아들"로 불리며 자신과 닮은 그 인간을 만든 것을 후회한다. 그래서 신은 자신의 마음에 무척 들었던 노아만 제외하고는 인간을 모두 파멸시키기로 결심한다. 노아는 허락을 받아서 가족, 친구들, 동물들과

함께 대피한다.[17]

나중에 신은 바벨에 거대한 탑을 만들고 있는 인간들에게 노한다. 그래서 바벨탑을 파괴하고 서로 다른 언어를 사용하는 무리들로 흩어지게 한다. 아브라함에게는 꽤 오랫동안 친절했지만, 결국 신은 소돔과 고모라에 노해서 그곳을 멸망시킨다.[18] 그런 후에 이삭, 야곱, 요셉은 모두 잘해나갔지만, 이들은 기근에서 살아남기 위해서 이집트까지 내려가야 했다. 그들은 다음 세대까지 얼마간 노예 상태로 있었는데, 모세가 태어나 마침내 그들을 자유로 이끈다.

모세와 함께 신은 광포해진다. 신은 모세를 시켜서 바로 (Pharaoh)에게 자유를 요구하게 한다. 그리고는 바로의 심정을 완고하게 만들고, 그 다음에는 약간 양보하게 만든다. 그런 후에 또 바로를 완고하게 하고는, 이집트인들을 습격하고 최초로 태어난 아이들을 죽이고 바다로 이집트인들을 유인하고 그들의 군대를 파멸시킨다. 신은 바다를 건너, 유대인들을 약속의 땅으로 인도하면서 그들이 가는 길에

17　역주: 서먼은 원문에서 친구들(friends)도 배에 탄 것으로 쓰고 있는데, 사실 노아의 방주에는 가족과 동물들만 탔다.

18　역주: 신은 소돔과 고모라를 멸망시키지 말아달라는 아브라함의 탄원에도 불구하고 그곳을 멸망시킨다.

있는 모든 사람을 거의 파멸시키도록 돕는다. 계속 이런 식이다.

요컨대 신은 인간에게 분노하고 또 분노한다. 그는 이스라엘 편에 서서 분노하고, 때로는 이스라엘을 향해서 분노한다. 신은 진정한 처벌자이다. 성경을 통해서 그러한 신의 이미지가 궁극 실재의 인격화된 모델이라고 세뇌당한 사람이라면 누구나 분노란 탁월한 에너지이며 탁월한 현시顯示라고 생각해도 무리가 아니다. 다만 분노하는 사람이 타인의 내부에서 일어나는 적의敵意를 압도할 정도로 강력하다는 한에서 말이다.

4장 분노에서 해방되기 – 서양의 길

　　우리가 예수에게로 가면, 그는 어떤 단계에서는 신비적인 유대 랍비의 전형이었다. 그는 자신의 가르침에서, 그리고 당대 로마와 유대의 지배계급에 도전하면서, 분노의 원형 즉 의분(義憤, righteous indignation)으로서의 분노의 원형을 상당히 강하게 드러낸다.

　　그러나 예수는 자신의 핵심 가르침이라고 할 만한 것에서는 다른 차원으로 들어간다. 그 가르침은 마태복음에 기록된 산상수훈의 가르침, 즉 "팔복(八福, Beatitudes)"의 가르침이다. (이런 저런 가르침들이 예수 자신의 핵심 가르침이라고 확신을 갖고 말할 수는 없다. 복음서는 모두 수십 년 후에 쓰인 것이고 교회 조직이 확립되고 난 이후에 편집되었기 때문이다. 그래서 확언할 수 있는 사람은 아무도 없다.)

여하튼 산상수훈의 가르침은 수 세기 전 불교에서 가르쳤던 것과 아주 유사한데, 그 구세주의 삶과 메시아적 희생은 유대 메시아에 대한 구약성경의 예언을 성취하는 것으로 보인다.

마태의 예수는 핵심 가르침으로서 무엇을 가르치는가? 사람들이 가진 태도의 뿌리에 대한 예수의 가르침은 기독교 전통 내의 분노에 대해서 우리에게 무엇을 말해 주는가? 거기서 예수가 가르치는 것의 요점은 세상 사람들이 권력이나 성공이라고 생각하는 것을 모두 전복하는 것이다. 그는 부자가 아니라 가난한 자를, 교우관계가 좋은 자가 아니라 애통해 하는 자를, 당당한 자가 아니라 온유한 자를, 잔인한 자가 아니라 자비로운 자를, 정복자가 아니라 평화를 만드는 자를, 지배자가 아니라 박해받는 자를 축복한다. 그는 마음이 깨끗한 자는 천국을 얻어서 누린다고 역설한다.[19] 예수는 자신이 신이 내린 고대의 율법을 완수하

___
19 역주: 예수는 마태복음 5장 1절부터 12절에서 다음과 같이 말하고 있다. "예수께서 무리를 보시고 산에 올라가 앉으시니 제자들이 나아온지라 입을 열어 가르쳐 이르시되 심령이 가난한 자는 복이 있나니 천국이 그들의 것임이요, 애통하는 자는 복이 있

는 것이지 그것을 폐지하는 것이 아니라고 선언한다. 그러나 그는 그것을 넘어선다. 아마도 우리의 논의 맥락에서 가장 중요한 것은 다음 구절일 것이다.

옛 사람에게 말한 바 살인하지 말라. 누구든지 살인하면 심판을 받게 되리라 하였다는 것을 너희가 들었으나 (이것은 물론 모세의 옛날 율법이다) 나는 너희에게 이르노니 형제나 자매[20]에게 노하는(angry) 자마다 심판을 받게 되고 형제나 자매를 대하여 라가[21]라 하는 자는 공회에 잡혀가게 되고 미련한 놈이라 하는 자는 지옥불에 들어가게 되리라.

(마태복음 5장 21절-22절)

나니 그들이 위로를 받을 것임이요, 온유한 자는 복이 있나니 그들이 땅을 기업으로 받을 것임이요, 의에 주리고 목마른 자는 복이 있나니 그들이 배부를 것임이요, 긍휼히 여기는 자는 복이 있나니 그들이 긍휼히 여김을 받을 것임이요, 마음이 청결한 자는 복이 있나니 그들이 하나님을 볼 것임이요, 화평하게 하는 자는 복이 있나니 그들이 하나님의 아들이라 일컬음을 받을 것임이요, 의를 위하여 박해를 받은 자는 복이 있나니 천국이 그들의 것임이라." 본문과 주석에서 인용하고 있는 성경 구절은 개역개정판(대한성서공회, 2008년) 번역을 따랐다.

20 역주: 우리가 참조한 성경 개역개정판 번역에는 '자매'라는 말이 빠져 있다.

21 역주: '라가'는 '바보'라는 뜻으로 히브리인들이 쓰는 욕설이다.

여기서 예수는 분노의 정복이라는 난해한 가르침을 주고 있다. 그는 "분노하라. 그러나 죄는 짓지 말라"는 고대의 가르침에 만족하지 않는다. 단지 외면적 행동을 억제하는 것은 인간에게 충분치 않다. 예수는 인간에게 그 이상이 가능하다고 생각했기 때문이다. 그는 사람들이 분노에서 자유로워지기를 바란다. 예수는 마음 안에 분노가 존재하고 있는 것만으로도 단죄를 받기에 충분하다고 경고한다. 그리고 분노에서 나온 말은 지옥을 만들 수도 있다. 그는 동일한 방식으로 몸, 말, 마음에 대한 다양한 계명誡命을 내면화하도록 가르친다. 그리고 죄와 악을 단지 외면적 행동에서만이 아니라 마음 안에서 직면하고 극복하라고 요구한다.

예수는 분노와 아주 관련이 깊은 다른 구절에서 계속해서 분노를 처음에는 내성(耐性, tolerance)으로 바꾸고, 그 다음에는 자비와 사랑으로 바꿔야 한다고 가르친다.

눈은 눈으로, 이는 이로 갚으라 하였다는 것을 너희가 들었으나 나는 너희에게 이르노니 악한 자를 대적하지 말라. 누구든지 네 오른편 뺨을 치거든 왼편도 돌려 대며 또 너를 고발하여 속옷을 가지고자 하는 자에게 겉옷까지도 가지게 하며 또 누구든지 너로 억지로 오리를 가게 하거든 그 사람과 십리를 동행하고 네게 구하는 자에게 주며 네게 꾸고자 하는 자에게 거절하지 말라. 또 네 이웃을 사랑하고 네 원수를 미워하라 하였다는 것을 너희가 들었으나 나는 너희에게 이르노니 너희 원수를 사랑하며 너희를 박해하는 자를 위하여 기도하라. 이같이 한즉 하늘에 계신 너희 아버지의 아들이 되리니 이는 하나님이 그 해를 악인과 선인에게 비추시며 비를 의로운 자와 불의한 자에게 내려주심이라. 너희가 너희를 사랑하는 자를 사랑하면 무슨 상이 있으리오. 세리도 이같이 아니하느냐.[22] 또 너희가 너희 형제에게만 문안하면 남보다 더하는 것이 무엇이냐. 이방인들도 이같이 아니하느냐. 그러므로 하늘에 계신 너희 아버지의 온전하심과 같이 너희도 온전하라.

(마태복음 5장 38절-48절)

위의 구절들은 불교도들이 보면 놀랄만한 것이다. 이 구

---

22 역주: 서면의 원문에는 '세리도 이같이 아니하느냐' 부분이 없지만, 성경 원문대로 이 내용을 집어넣었다.

절들이 묘사하고 있는 그 진보는 불교 전통 내의 전형적인 스승들이 2500여 년 동안 가르쳐 온 바로 그것인데, 이 점은 우리가 아래에서 살펴볼 것이다. 우선 당신이 당신 심중의 분노만으로도 일종의 내면적 살인임을, 즉 당신을 분노하게 한 자를 상상 속에서 살해하는 것임을 인정하게 된다. 심중의 분노만으로도 외적인 물리적 살인만큼이나 또는 그 이상으로 당신은 "심판받을 만하다." 이것은 당신이 실제로 살인 행위를 저질러서 사회적으로 붙잡혀 처벌당하든 아니든, 전지全知의 "신"이 있어서 심판하고 벌을 주든 말든, 당신이 자신의 마음 안에 부정적인 "진화적 행동(evolutionary act)", 즉 "업(karma)"을 쌓았음을 의미한다. 그래서 당신 자신의 심신 연속체 안에 행위에 의한 인상(impression)이 남게 되고 이 인상은 당신의 존재를 부정적인 진화적 방향으로 새롭게 만들어 왔으며, 이는 미래에 정말로 원치 않는 결과를 당신에게 줄 것이다. 당신의 "살인 근육(killing muscle)"이 강화되고 이로써 "살인"을 생각하거나 물리적으로 다시 살인하기 쉬워진다. 이는 복수를 원하는 자들로 하여금 당신을 더욱 증오하게 만들 것이며 다른 자를 더 쉽게 자극하게 될 것이다. 그 결과 당신은 도리어 살해당할 가능성이 더 높아진다. 이 부정적인 연속체는 끝없는 악순환 속에서 이어지며, 당신과 여러 생 동안 연결된 다른 존재들과 여러 생 동안 얽혀서 결국에는 고난의 땅 (gehenna), 즉 "불지옥"에 떨어지게 된다.

그러나 일단 당신이 살인하는 것 또는 분노에 차서 살인을 생각하는 것에조차 따라붙을 절대적인 손실을 깨닫게 되면, 당신은 자신의 세속적인 가치를 전복할 것이다. 당신은 관용, 온유함, 부드러움이 진화적으로 최고의 이익이 된다는 것을 깨닫게 될 것인데, 이것은 상호 지배라는 악순환을 깨뜨리고, 상호 취약성(mutual vulnerability)과 관용이 늘어나는 선순환을 발전시킬 것이다. 그러면 당신은 '눈에는 눈이라는 식'의 정의 법칙조차 넘어서게 된다. 자신이 받은 상처에 정확히 비례해서 분노하는 것을 억제하고 상처를 견디는 것을 배우며 환영하기까지 한다. 그러면서 온화함과 부드러움이라는 업의 인상을 더욱더 강력하게 만들어 내게 된다. 당신은 점점 더 "신의 왕국", 즉 절대적인 힘과 부동심不動心의 영역에 살기 시작한다. 그 영역에서는 어떤 것도 당신을 해칠 수 없다. 당신에게는 생生과 사死를 초월하는 궁극적 유연성과 고통과 즐거움을 초월하는 지복至

福이 있기 때문이다. 이 영역은 친구뿐만 아니라 원수까지도 똑같이 사랑하는 곳이며, 그들 모두가 당신만큼 행복해지기를 바라는 영역이다. 이 영역은 상호 순종이라는 선순환의 최고 정점이 있는 곳이고, 불지옥도 초월하고 피상적인 쾌락이 있는 잠정적인 천국까지도 초월한 곳이며, 자아와 타자 등의 모든 이원성을 초월하여 자유의 최고 지복至福을 누리는 곳이다.

예수는 분노와 그 외의 대죄大罪, 습관화된 악이나 사악한 정념들에 맞서 투쟁하는 것이 희망 없는 성격을 가졌음을 용납하지 않는다. 후대의 기독교 해석자들은 다음과 같이 선언한다. 즉 인간은 죄인이라는 희망 없는 성격을 지닌 자임을, 그래서 평생 동안 엄청 많은 죄를 짓고 살지만, 예수를 믿고 구하면, 예수가 그들을 그 죄의 결과로부터 구원한다고 선언한다. 그러나 예수가 이들의 선언을 지지하고 있지는 않다. 예수는 그들에게 말한다. 그들은 하늘에 계시는 아버지가 완전하시듯이 완전해져야만 한다고. 그는 단지 믿음만이 아니라, 깨달음을 요구한다. 그리고 예수는 조금 뒤에 나오는 또 다른 놀라운 구절에서 이를 재차 강조하고 있다. 예수의 이름으로 죽이고 훔치고 거짓말하고 학대하고 재산을 축적하고 증오할 수 있다고 생각하면서, 예수의 이름만 부르면 용서받을 수 있다고 생각하는, 소위 헌신적인 그리스도의 추종자들을 활짝 깨울 구절이리라.

나더러 주여 주여 하는 자마다 다 천국에 들어갈 것이 아니요. 다만 하늘에 계신 내 아버지의 뜻대로 행하는 자라야 들어가리라. 그날에 많은 사람이 나더러 이르되, 주여 주여 우리가 주의 이름으로 선지자 노릇하며 주의 이름으로 귀신을 쫓아내며 주의 이름으로 많은 권능을 행하지 아니하였나이까 하리니 그 때에 내가 그들에게 밝히 말하되 내가 너희를 도무지 알지 못하니 불법을 행하는 자들아 내게서 떠나가라 하리라.

(마태복음 7장 21절-23절)

우리가 특정 교파에 속하고 명목상의 신자가 되어서 신앙고백에 참여하기만 하고, 신구의의 행위가 긍정적 진화의 방향으로 나아가지 않는다면, 신앙만으로는 천국에 들어가기에도, 분노의 불, 욕망의 홍수, 어리석음의 감옥으로부터 자유롭기에도 충분하지 않다고 예수는 역설했다.

이 말은 다음과 같은 십자군을 천국에서 배제한다. 즉 예수의 이름으로 죽이거나 죽이라고 부추기는 자들, 이익을 위해서 사람들을 쥐어짜 부를 축적하고는 예수의 교회에 기부함으로써 구원을 찾는 독선적인(self-righteous) 자본가들, 또는 마음이 정욕과 증오와 나태한 어리석음의 시궁창에서 뒹굴면서도 그것을 전혀 제어하려고도, 거기서 해방되려고도 하지 않으면서 전능한 권위를 가진 신께 도움을 청해서 행위의 결과로부터의 자유를 구하는 자들을 배제한다. 아니, 예수는 그들에게 하느님이 그러하듯이 "완전해지라"고 말한다. 분노와 그 이외의 다른 악을 정복하라는 가르침에 따라서 행동하는 것은, 우리의 집을 반석 위에 짓는 것이며, 그렇게 행동하지 않는 것은 모래 위에 집을 짓는 것과 같다고도 말한다.

예수와 동시대인인 위대한 스토아 철학자 세네카(Seneca, 기원전 3년 경~기원후 65년 경)는 분노에 대해서 뛰어난 에세이를 썼다.[23] 거기서 그는 분노를 "모든 감정들 중에서도 가장 흉측하고 광적인 것"이라고 부른다. 그는 다음과 같이

---

23   역주: 세네카, 《화에 대하여》, 김경숙 역, 사이, 2013 참조.

말한다. "몇몇 현자들은 분노를 '순간적 광기(brief insanity)'로 묘사한다. 분노는 그만큼 제어가 안 되는 것이다. 체면을 잊어버리고 개인 간의 유대 관계도 저버리고, 일단 시작한 것이면 무엇에든 완고하게 고집 부린다. 이성적 판단이나 조언에는 귀를 꽉 막고 근거 없는 구실로 선동되고, 공정이나 진리를 분간하지도 못하게 된다. 분노와 가장 유사한 것은 자신들이 부순 것 위로 또다시 부서져 내리는 폐허다."

세네카는 더욱 웅변적으로 역설한다.

지금까지 어떠한 전염병도 분노보다 더 인류에게 값비싼 대가를 치르게 한 것이 없다. 학살, 독살, 법정에서의 기소와 야비한 맞고소, 도시들의 파괴, 나라 전체의 멸망, 고귀한 신분의 사람을 경매에서 파는 것, 건물들이 불타고 도시의 벽을 넘어 불길이 번지는 것, 적들이 방화한 화염에 싸인 광대한 영토를 보라. …… 위대한 명성의 도시들이 지금은 그 토대마저도 거의 알아볼 수가 없다. 분노가 그것들을 몰락시켰다. 한참을 가도 아무도 살지 않는 황무지. 분노가 그렇게 만들었다. 비운悲運의 예로 기억되는 지도자를 보라. 분노는 침대에 누워있는 자를 칼로 찔러 죽였고, 어떤 자를 엄숙한 연회가 진행되는 도중 공격했고, 또 어떤 자를 법정과 붐비는 광장 앞에서 사지를 찢어 죽였다. 또 분노는 어떤 자를 아들의 손에 피 흘리며 살해당하는 희생자로 만들었다. 분노는 어떤 왕족의 목이 노예의 손에 맡겨지도록 명했고, 분노는 어떤 사람을 십자가에 팔다리 벌려 매달라고 명령했다. 개인적인 처형은 제쳐 두자. 칼에 베어 죽는 군중의 무리들, 대중을 집단으로 도살하기 위해서 보내진 군대, 무차별적인 파괴 속에서 죽음에 처해진 자들을 보라.

(Seneca, 1995; pp.18-19)

세네카는 분노에 좋은 점이 하나도 없다는 것을 분명히 하고 싶어 한다. 그리고 이것은 어디까지나 스토아 철학자로서이지, 대죄의 관념을 갖고 있는 독실한 기독교인으로서도, 자유를 구하는 불교도로서도 아니다.

세네카는 분노를 정의할 때, "고통을 되갚으려는 불타는 욕망"이라는 아리스토텔레스의 정의에 동의하면서 그것을 인용한다. 세네카는 분노를 단순한 사나움, 공격성, 흥분,

광포함과 구별하는데, 세네카는 그것들이 동물들에게서도 나타난다고 말한다.

세네카는 분노가 감정이긴 해도 인간적인 "이성"이 혼재해 있어서 동물에게는 없다고 말한다. 이것은 앞에서 그가 분노는 광기이고 이성적 판단에 귀를 꽉 막는 것이라고 말한 것과는 모순이다. 그러나 분노를 단순히 사나운 충동이나 공격성으로부터 분리하려는 시도는 불교의 정의定義를 연상시킨다. 불교에서 분노는 개념적 초점(conceptual focus)을 동반하는 감정적 중독(emotional addiction)이지, 단지 가공加工 이전의 감정적 에너지(raw emotional energy)인 것만은 아니다. 세네카는 분노의 "자연성(naturalness)"에 반대한다. 인간의 본성은 사회적이고, 협력, 관용, 부드러움을 실행하도록 만들어졌기 때문이다. 그러므로 분노는 그러한 본성이 심하게 왜곡된 것이다.

그는 가해자를 화를 내서 처벌해야 한다는 주장, 그리하여 분노를 유익하게 사용하자는 주장에 반대한다. 왜냐하면 처벌은 분노 없이 행해질 때 훨씬 더 효과적이기 때문이다. 그는 아리스토텔레스가 개진한 주장을 인용한다. 그것은 분노가 유용하다는 주장이다. 왜냐하면 분노는 위협에 직면해서 공포를 없애는 데 필요하며, 우리에게 우리 자신을 방어하거나 선제적으로 공격할 수 있는 확신과 에너지를 주고, 나아가 사물을 명료하게 볼 수 있는 지적 능력까지 주기 때문이다. 세네카는 이러한 생각들을 다음과 같은 논의 ─ 분노는 결코 이성의 도구로 사용될 수 없고 유익한 목적에 효과적으로 활용될 수는 없다는 논의 ─ 를 통해서 물리친다. 그 이유는 분노의 본성이 이성을 탈취하고 중용(moderation)에 대한 모든 요청을 무시하기 때문이다. 그는 분노를 활쏘기에 빗댄다. 일단 시위를 떠난 화살은 재조준할 수 없고, 원래의 궤도대로 날아갈 수밖에 없다. 행동에 있어서 분노를 억제하는 사람들의 사례는, 분노에 김이 빠지고 이성이 되살아나는 경우에 불과하기 때문에 고려할 필요가 없다고 세네카는 일축한다.

그런 후에 세네카는 의분義憤이 적절하다고 여겨질 만한 다른 종류의 예들을 제시한다. 전쟁 중일 때, 사랑하는 이가 살해당했을 때, 조국이 공격받았을 때, 당신이 행악자 일반을 목격할 때이다. 세네카는 불교도처럼 이 모든 경우에 있어서 처형, 방어, 저지, 처벌은 분노 없이 행할 때 더 효율적이라고, 그리고 분노는 일을 바로잡는 것을 언제나 더 어렵게 만든다고 논한다. 이런 상황에 필요한 것은 용기, 정의, 인내, 지혜다. 이러한 덕들은 그 힘을 분노와 같은 사악한 감정들에서 빌려올 필요가 없다.

세네카는 분노를 의전義戰이나 고귀한 전투에서의 유용한 도구로 비유하는 아리스토텔레스를 인용하면서(아마도 불공정하게), 그 도구의 유용성을 부정한다. 그에게 분노는 부러지기 쉬운 칼, 혹은 끝이 두 갈래여서 한 쪽은 휘두르는 자 본인도 겨누고 있는 창이다. 그는 격투기 선수에 대한 관찰을 예로 들면서 분노의 에너지는 안정적인 것도, 믿을만한 것도 아니라고 한다. 격투기의 경우 분노는 처음에는 격렬히 공격하지만 금방 지쳐서 싸움을 지속할 수 없게 만든다. 그는 처음 물 때 독을 다 뿜고는 그 다음에는 독이 없어지게 되는 뱀의 사례를 제시하고 있다. 그런데 분노를 어떤 대단한 것, "마음의 위대함"을 주는 것으로 생각하는 사람들이 있다. 세네카는 분노가 어떠한 위대함도 주지 않고, 때때로 "병적病的인 확장감(morbid enlargement)"과 같은 상태만을 줄 뿐이라고 응수한다. 나는 1권의 마지막 구절을 아주 좋아하는데, 거기서는 다른 대죄들도 언급하고 있다.

그래서 분노에는, 심지어 신들과 인간에 대한 과장된 멸시에 나타나는 분노에도, 어떠한 위대함도 고귀함도 없다. 만약 분노가 위대한 마음을 현시하는 것이라고 누군가 생각한다면, 그 사람은 자기 탐닉 - 상아로 된 침대에서 태어나기를 원하고, 자주색 옷을 입고 금으로 된 지붕 아래에서 살기를 원하며, 땅을 옮기고 온 바다를 막고 강을 폭포로 만들고 숲을 공중 정원으로 만들기를 원하는 자기 탐닉 - 도 그렇다고 생각해야 할 것이다. 탐욕 - 금은더미를 지키고 속주屬州[24] 만큼의 부지를 경작하므로 - 도 마찬가지로 위대한 마음의 표시가 될 것이다. 그러면 정욕(lust) - 해협을 헤엄쳐 건너고 한 무리의 소년들을 거세하고, 죽음을 경멸하며 남편의 칼에 맞서게 하는 것 - 도 역시 그럴 것이다. 그리고 야망 - 1년 단위의 임기에 만족하지 못하는 것 - 도 역시 그럴 것이다. 야망은 할 수만 있다면 집정관 명단을 오직 자기 한 사람의 이름으로만 채우며 전 세계에 자신의 기념비를 세우려고 할 것이다. 그러나 이 모든 것들은 그것들이 얼마나 오래 지속되든지 얼마나 멀리까지

---

24 역주: 속주屬州는 예전에 이탈리아 반도 이외의 로마 영토를 이르던 말이다.

퍼지든지 편협하고 비참하고 천박한 것이다. 오직 덕만이 홀로 고귀하고 숭고하다. 동시에 고요한 것이 아니라면 어떤 것도 위대하지 않다.

세네카는 분노가 어떻게 일어나는지를 흥미롭게 분석하고 있다.

우리의 문제는 분노가 결심에 의해서 시작되는가, 충동으로 시작되는가이다. 즉 분노는 저절로 움직이는 것인가, 아니면 대부분의 내적 사건들과 마찬가지로 그것에 대한 우리의 충분한 지식과 함께 일어나는가? 우리의 견해는 분노란 단독으로가 아니라 마음의 승인과 함께 시작된다는 것이다. 누군가가 나에게 잘못했다는 인상을 받고 보복을 갈망하는 것, 손해를 끼쳐서는 안 된다는 명제와 처벌을 해야 한다는 명제 두 가지를 결합하는 것, 이는 단지 비자발적 충동(involuntary impulse)의 결과물이 아니다. 여기에서 우리가 갖는 것은 여러 가지 요소들, 즉 인지, 분개, 비난, 보복의 복합체이다. 이 요소들은 마음을 일으키는 계기가 무엇이든 마음의 동의 없이는 일어날 수 없다.

다음 사항을 기억하는 것이 중요할 것이다. 즉 세네카는 분노를 치명적이며 죽음에 이르는 죄, 근본악(the root vice), 혹은 감정적 중독으로 분석하면서도 그것을 단지 비자발적 충동이라는 의미에서의 감정으로 보지는 않았다. 세네카에게 분노는 고통스러운 경험으로부터 일어난 감정, 그리고 고통의 원천에 대한 개념적인 인지와 그 원천을 공격하려는 충동을 따르겠다는 결심, 이것들의 결합체이다.

분노는 아리스토텔레스가 지적했듯이, 공포심 즉 고통에 대한 예측과 밀접한 관련이 있다. 다시 말한다면, 공포는 고통을 참으려는 의지, 고통을 피하는 조치를 취하려는 의지를 약화시켜서 행동에 대한 결단을 무너뜨린다. 그래서 겁먹은 사람이 이성적인 처리 방식을 모르는 일을 할 경우, 그 일을 완수하기 위해서 그를 비이성적으로 폭발시킬 필요가 있어 보인다.

이것이 아마도 군국주의적인 아리스토텔레스주의자들이 분노를 전투와 전쟁에 필요한 것으로, 부분적으로 선한 것으로 생각하는 이유일 것이다. 왜냐하면 병사들이 이성적으로 행동한다면 겁이 나서 전투하려 하지 않을 것이기 때문이다. 그래서 병사들은 자신들의 더 나은 판단을 억압하고, 이성적인 공포심에도 불구하고 비이성적으로 공격하기 위해서 분노를 폭발해야 한다. 그러나 세네카를 비롯해서 다른 고전적인 사상가들은 용기야말로 우리를 공포로부터 구해내는 힘의 원천이라고 주장한다. 이것은 용기가 이성적인 에너지, 불, 열이라고 보는 것이고, 자기 자신과 사랑하는 사람들, 조국, 자신의 원칙을 지키려는 선한 의도에서 나오는 힘으로 보는 것이다.

세네카는 분노 치유에 대해서도 논하지만, 주제를 반복해서 벗어나 분노의 끔찍함에 대한 논의로 되돌아가곤 한다. 그는 분노에 선한 점도 있다는 견해를 부정하고 싶어하면서, 동시에 분노는 나쁘다는 결단이 분노를 없애는 최초의 필수적인 단계라고 느끼고 있는 것 같다.

우리의 논의를 위해서는 세네카가 마태의 예수에 다음과 같은 점에서 동의했음을 흥미롭게 봐야 한다. (세네카가 예수의 말을 읽은 것은 아니다. 예수와 동시대인이긴 하지만 마태복음은 세네카 사후 5년이 지나서야 쓰였기 때문이다.) 즉 세네카는 인간이 완전해질 수 있다는 점(이러한 완전 가능성은 인간 이성이 제우스(Zeus)의 순수 이성을 분유分有하고 있다는 스토아적 신념에 따른 것이긴 하지만), 그리고 분노가 훈련과 이해를 통해서 정복될 수 있다는 점에 대해서 동의한다.

약간 후대의 플루타르코스(Plutarch, 1세기 후반)는 세네카를 인지하고 있으며 그에게 상당히 공감하고 있다. 그래도 플루타르코스는 아마 세네카나 예수 그리스도보다는 덜 초월적이다. 플루타르코스는 간접적으로 제논(Zeno)이 한 말을 언급하면서 분노를 다음과 같이 정의한다.

분노는 일종의 감정적 씨앗들의 복합체다. 그것은 고통, 즐거움, 오만(arrogance)에서 추출한 요소들을 포함한다. 분노는 고소해하는 악의적 즐거움(the gloating pleasure of spite)을 가지는 것이고, 상대방을 붙잡고 싸우는 방법도 악의에서 나온 것인데, 그것은 이러한 노력의 목적이 자신이 고통을 피하는 것이 아니라, 자기 자신이 위해를 감수하면서도 다른 사람을 파멸시킨다는 의미에서다. 그리고 분노를 이루는 성분 중의 하나는 가장 달갑지 않은 욕망의 한 형태, 즉 누군가를 해치기를 갈망하는 것이다.[25]

(Plutarch, 1992; p.198)

---

25 역주: 플루타르코스,《수다에 관하여》, 천병희 역, 도서출판 숲, 2010, 93쪽 참조.

서양 문헌을 살펴보면, 이런 주제들은 기독교 저술가들 뿐만 아니라 고전 문헌의 저술가들에게서도 지속적으로 논의되어 왔다. 어떤 저술가들은 아리스토텔레스학파를 선호해서 "정당한 분노(justified anger)"에도 자리를 내주지만, 어떤 저술가들은 그러지 않는다.

아우구스티누스(Augustine)는 정당한 분노에 대해서 조금도 찬성하지 않는다. "정의롭고 합리적인 분노가 아무리 작을지라도 문 안에 들어오게 하는 것보다는 아예 문을 열어주지 않는 것이 더 낫다. 일단 들어오게 하면 다시 쫓아내기만 어려울 뿐이다. 그것은 작은 나뭇가지처럼 들어와서는 순식간에 대들보처럼 자라나게 된다."(S. Schimme, 1997; p.91. (성 프란치스코 드 살St. Francis de Sales에서 아우구스티누스Augustine 재인용))

초서(Caucer)는 "죽음에 이르는 죄" 즉, "대죄大罪" 전체를 꽤 잘 분석하고 있다. 여기서 초서의 고대 영어로부터 번역한 것을 보면(초서, 1981), 초서는 "분노", "증오", "노여움(ire)", "격노(fury)", "진노(wrath)", "폭력", "앙심(vindictiveness)", "악의(malice)", "원한(spite)"이라는 친족 단어군群을 사용하고 있다.

초서는 "치명적"이거나 "죽음에 이르는" 대죄大罪는 그리스도보다도 다른 것을 더 사랑하는 행위라고 한다. 이에 반해서 "가벼운(venial)" 소죄小罪는 그리스도를 충분히 사랑하지 않아서 범하는 죄이다.

그는 죄들의 경중輕重에 따라서 순서를 매기고 있다. 그 순서는 교만(자신을 신보다 더 사랑함)으로부터 시작해서, 질투(자신을 이웃보다 더 사랑함), 분노(신이나 이웃을 증오함), 나태(무기력한 게으름, 증오가 자신에게 퍼져 있는 것), 탐욕(소유물의 숭배), 탐식(음식의 숭배), 음란(성性의 숭배)에 이른다.

이들 치명적인 죄들로부터 자유를 얻는 방법은 진지한 참회에서 시작한다.

그리고 앞서의 죄들과 반대되는 덕목들을 열정적으로 추구하는 것으로 이어진다. 교만에 대해서는 겸손(humility)을, 시기에 대해서는 신과 이웃에 대한 사랑을 추구한다. 분노에 대해서는 부드러움(gentleness)·인내(patience)·내성을, 나태에 대해서는 불굴의 정신·강인함·아량(magnanimity)·신앙(faith)·희망을 추구한다. 탐욕에 대해서는 연민·동정·자선을, 탐식에 대해서는 절제(abstinence)·자제(temperance)·수치·중용을, 음란에 대해서는 순결·금욕을 추구한다.[26] 참회의 방법에 대한 초서의 논의는 상당히 구체적인데, 그 방법은 세 부분으로 되어 있다. 그것들은 심정의 회개, 입의 고백, 행동에 의한 속죄이다.

그는 회개를 여섯 가지 요소로 분석한다. 즉 (1) 양심과 뉘우침 (2) 죄에 빠지지 않기를 바라는 자존감(self-regard) (3) 지옥 같은 결과에 대한 공포 (4) 선善의 상실에 대한 후회 (5) 그리스도의 수난에 대한 회상 (6) 용서에 대한 희망, 은총의 선물, 천국의 영광이다. 고백은 네 가지 조건을 갖춰야 한다. 이것은 (1) 심정 쓰라리게 깊이 뉘우치며 할 것 (2) 신속히 할 것 (3) 충분히 할 것 (4) 은폐하려는 거짓말을 하지 말 것이다. 속죄는 자선과 육체적 고행을 통해서 행해진다.

분노에 관해서, 초서는 좋은(good) 분노도 있다고 생각한다. 그런 분노는 사악함을 보고 성이 났을 때 선행을 하려는 열정으로서의 분노인데, 이것은 부드럽고 원한이 없으며 사람에 대해서가 아니라 사람의 행위에 대해서 일어나는 것이다.

---

26 역주: 서면의 원문에는 순서대로 덕목만 나열되어 있지만, 번역하면서 대척점에 있는 죄도 추가했다.

나쁜(bad) 분노에는 두 종류가 있다. 먼저 돌연한 분노가 있다. 이것은 피 끓는 분노로서, 단지 가벼운 소죄小罪이며 순간적으로 이성의 통제를 잃은 것이다.

다음으로는 치명적인 대죄로서 완벽하게 사악한 분노가 있는데, 이것은 음침한 심정에서 나온 예비음모의 악의를 가지고 있다. 이것은 결국 악마의 용광로이며, 교만과 복수심과 결합된 것이다. 분노의 해독제는 인내(patience)이다. 여기에는 네 종류가 있다. 언어적 욕설에 대한 인내, 재산 파괴에 대한 인내, 신체적 상해가 주는 고통에 대한 인내, 예속되거나 혹사를 당하는 것에 대한 인내이다.

5장 분노에서 해방되기 - 불교의 길

이 외에도 기독교 수도사들, 나중에는 학계의 윤리학자들에 의해서 축적된 방대한 서양 심리학 문헌에는 분노에 대한 분석들이 많이 있다. 놀라운 점은 이러한 분석들이 굉장히 철저하고 아비달마불교 심리학을 연상시킨다는 점이다. 고통의 원인에 대한 불교의 분석이 전능한 신에 대한 신앙으로 이끌지는 않는다. 왜냐하면 붓다는 (그 당시 인도에서 브라흐만Brahma이라 불린) '창조주' 신을 만났지만 그 신이 전지전능하지도 않았고, 결국 우주를 창조하지도 않았음을 알리고 있었기 때문이다.

붓다는 고통을 일으키는 근본 원인은 망념(delusion)과 무지에 대한 정신적 중독, 또는 착각(misknowledge)에 대한 정신적 중독이라고 선언했다. 이 망념은 자아를 절대적·독립적인 물자체(thing-in-itself)로 오인하는 것이다. 이러한 망념이란 다른 모든 것들도 절대적·독립적인 본질이라든가 실체를 가진다고 오인하는 것에 상응한다.

이 뿌리 깊은 망념에는 본능적 형태와 개념적 형태가 있다. 이 망념은 사람을 고정된, 절대적·본질적으로 실재하는 자아와 실재하는 우주가 서로 대립해 있는 절망적인 상황에 던져 넣음으로써 우리를 고통스럽게 만든다. 그런 자아는 병듦, 늙음, 죽음, 고통, 상실, 고뇌 등등을 겪으며 존재들과 사물들의 우주에 필연적으로 패배할 수밖에 없기 때문이다. 사실 자아 중독(self-addiction)이라는 이 근본 망념은, "신"을 거대한 생명 에너지로 해석한다면 교만의 대죄大罪("자신을 신보다 더 사랑함")에 더 가깝다.

나는 여기서 불성(佛性, buddhahood)이라 불리는 "깨달음(enlightenment)"이 어떻게 망념의 극복으로 이해되는지 설명해야 한다. 붓다는 자신 안에서 망념적인 습관 패턴, 자아를 절대화하는 습관 패턴이 본능적·지적 차원에서 작동하고 있음을 발견하고는, 자신이 정말로 실체적이며 독자적이고 독립적인 방식으로 존재하는지에 대한 입증에 도

전했다. 그는 강도 높은 비판적 통찰과 집중력을 사용해서 심신 복합체(mindbody complex)를 해부했는데, 결국 자신 안에서 어떠한 절대 자아의 발견에도 실패함으로써 망념을 극복했다. 그러나 그는 몇몇 현대의 유물론자 사상가들이 그랬듯이, 단순한 무無를 자아로 보는 식으로 그 실패를 고착화하지는 않았다. 대신에 그는 자아 발견 실패의 결과로서 자아의 완전한 상대성, 전적인 상호연결성, 실체 없음(illusoriness) 즉 가상성(virtuality) 등을 이해했다.

이런 이해가 그를 자유롭게 해서 자신의 상대적이고 가상적인 자아를 진행 중인 생생한 작업으로 발전하도록 만들었다. 이 생생한 작업은 실제 무한히 확장해 가는 탁월성의 지평들과 진화를 위한 무한한 시간 안에서 일어난다.

이는 붓다의 위대한 과학적 돌파의 핵심, 그리고 그의 개인적 진화의 성취에 대한 핵심을 보여주는 내용이기 때문에, 이에 대해서 더 말할 수도 있지만 이 정도로 기본적인 개념이 설명되었기를 바란다. 분노 에너지를 정복하고 난 뒤 그 에너지의 전환을 이해하는 것은 중요하다.

근본 착각, 즉 자아 망념에 따라오는 두 번째 정신적 중독은 욕망 중독(desire-addiction, 貪煩惱)이다. 여기에는 정욕(lust), 탐욕(avarice), 탐식(gluttony)이 포함된다. 일단 자신이 외롭고 고유하고 분리된 자아로서 우주와 대치하고 있다고 느끼는 사람은 가능한 한 우주의 많은 부분을 자기 것으로 편입시키려고 한다. 말하자면 승산이 반밖에 없어도 전 우주를 삼키려는 시도를 상상해 보라! 그것이 아무리 헛된 시도라고 해도 말이다.

이러한 망념과 불만의 상태에 따라오는 세 번째 정신적 중독은 분노(瞋)다. 분노는 자신 안에 편입되기를 저항하는 우주에 대한 분노, 자신이 우주에 의해서 먹힐까 하는 공포에서 오는 분노, 자신의 망상적인 자아를 지키기 위해서 대립적인 우주를 단번에 영원히 파괴하고 싶은 분노다.

이 세 가지 - 망념(癡), 욕망(貪), 분노(瞋) - 는 어떤 형태의 심리학 목록에도 항상 들어가는 삼독三毒이다. 다음은 교만(慢)인데, 이것은 자기를 절대시하는 망념에 뒤따르는 자기몰입(self-preoccupation)이다. 그 다음은 우리의 오랜 벗인 질투(嫉)인데, 이것은 다른 이의 행복이나 행운에 대한 원한이다.

초기 내면 과학(아비달마)에서 전하는 다른 목록에서는 여섯 가지 근본 번뇌(root addictions)로, 망념(癡), 욕망(貪),

분노(瞋), 교만(慢) 다음에 마지막 두 번뇌로서 광신적 견해 (fanatic views, 惡見)[27]와 의심(疑)을 꼽는다.

광신적 견해와 의심이라는 인지적 중독(cognitive add ictions)은 우리의 미혹된 마음의 습관을 표현한 것이다. 광 신적 견해는 완고하고 절대주의적이며 독선적인 믿음, 확 신이나 이데올로기에 집착하는 것이다. 의심은 마음이 헷 갈리는 혼란에 빠져서 도대체 어떤 한 방향으로 집중하지 도 못하고 복수의 방향들로부터 자유롭지도 못한 것이다. 광신적 견해는 비판적 고찰을 방해하고, 의심은 해탈로 이 끄는 통찰을 방해한다.

특히 근본 분노(the root anger)에 집중해서 분석해 보 면, 우리는 그것이 자-타-절대-분리 망념(the self-other-absolute-separation delusion)을 토대로 해서 일어남을 알 수 있다. 이런 망념은 분노를 하나의 미가공의 감정이 아니라

27　역주: 악견을 유신견(有身見, 薩迦耶見, satkāyadṛṣṭi), 변집견(邊執見, antagrāhadṛṣṭi), 견취견(見取, dṛṣṭiparāmarśa), 계금취견 (戒禁取, śilavrataparāmarśa), 사견(邪見, mithyādṛṣṭis)의 다섯 가지 견해로 나누기도 한다. 유신견은 오온이 화합하여 이루어 진 마음과 신체를 내 것이라 여기는 견해, 변집견은 영원(常)과 단멸(斷)이라는 양극단에 집착하는 견해, 견취견은 그릇된 견해 를 바른 것이라 집착하는 견해, 계금취견은 잘못된 계율에 집착 하는 견해, 사견은 인과의 법칙을 부정하는 견해이다.

감정적 중독으로 만든다. 이것은 오직 인간에게만 분노가 나타난다고 했던 세네카의 판단을 떠올리게 한다. 동물의 광포함에는 어떠한 개념적 요소도 없지만, (인간의) 진정한 분노는 항상 특정한 파괴를 목표로 하는 개념적 계산과 결합된 감정이기 때문이다.

여섯 가지 근본 번뇌 다음에는 이 근본 번뇌로부터 파생된 스무 가지 수번뇌隨煩惱들이 있다.[28] (다른 내면 과학 체계는 번뇌를 50개, 심지어는 108개까지도 설정하는데, 이 모든 번뇌 체계들은 도그마적인 목록이라기보다는 경험적 · 발견적 목록으로 이해해야 한다.)

이들 체계 중 가장 유명한 체계에서는 분노의 뿌리에서 파생된 네 가지 번뇌인 공격성(aggression, 忿), 원한(vindictiveness, 恨), 악의(malice, 惱), 폭력(violence, 害)이 존

---

28 역주: 수번뇌심소隨煩惱心所 20가지는 공격성(忿, krodha), 원한(恨, upanāha), 은폐(覆, mrakṣa), 악의(惱, pradāsa), 질투(嫉, īrṣyā), 인색함(慳, mātsarya), 속임(誑, śāṭhya), 아첨(諂, māyā), 오만(憍, mada), 폭력(害, vihiṃsā), 부끄러워하지 않음(無慚, āhrīkya), 뉘우치지 않음(無愧, anapatrāpya), 침울(惛沈, styāna), 들뜸(掉擧, auddhatya), 불신(不信, āśraddhya), 게으름(懈怠, kausīdya), 방종(放逸, pramāda), (바른 법을) 기억하지 못함(忘念, 失念, muṣitasmṛtitā), 그릇된 앎(不正知, asamprajanya), 집중하지 못하고 산만함(散亂, vikṣepa)이다.

재한다. 이 네 가지 수번뇌는 모두 분노에 의해서 부추겨지는 것이다. 공격은 분노가 다른 이를 공격하는 방향으로 신구의 身口意를 움직이는 것이다. 원한은 증오하는 적에게 복수하려는 갈망이다. 악의는 상처를 주는 말을 하려는 것이다. 폭력은 다른 이를 해치려는 일반적 경향이다.

마지막으로 5중 구도로 이루어진 또 다른 분석이 있는데, 이것은 최근까지도 대개 밀교로 여겨졌던 가르침이다. 이러한 분석에서는 근본 번뇌들이 정복되면 그것들의 에너지가 해탈한 삶의 기초 에너지로 전환된다고 한다.

근본 번뇌들 중에서도 가장 근본적인 것은 망념이다. 망념이 이해와 지혜에 의해서 파괴되면, 다른 번뇌 에너지들인 욕망과 분노 등도 지혜로 변화될 수 있다. 순수 에너지들은 해롭거나 고통스러운 것이 아니라 창조적이고 복된 것이다. 그리하여 그것들은 더 이상 중독(번뇌)이 아니라 만족과 즐거움을 준다. "중독"이란 당신에게 만족을 약속하지만 그것을 오래는 주지 못하므로, 당신으로 하여금 점점 더 원하도록 하고 그러면서 당신을 더욱더 좌절하게 하는 것임을 기억하라.

지혜가 당신을 자아-절대화하는 망념으로부터 해방시

켜 주면, 주체와 객체를 각각 단단한 덩이로 응결시키던 에너지는 상대화되어 창조적으로 활용될 수 있다. 그리고 망념 자체는 "거울처럼 비추는 지혜(mirroring wisdom, 大圓鏡智)"가 된다. 이것은 다이아몬드처럼 하얀 색의 땅(地)의 원소, 물질성(色蘊)의 과정에 해당한다.[29]

그리고 욕망 중독은 연결성의 에너지가 되어 각각을 구별하는 지혜(individuating wisdom, 妙觀察智)가 된다. 이는 루비같이 붉은 불(火)의 원소가 되고, 식별(想蘊)의 과정에 해당한다.

교만 중독은 평등하게 보는 지혜(equalizing wisdom, 平等性智)가 된다. 토파즈 같은 금색의 물(水)의 원소, 지각(受蘊)의 과정에 해당한다.

질투 중독은 모든 것을 성취하는 지혜(all-accomplishing wisdom, 成所作智)가 된다. 에메랄드 같은 초록색의 바람(風)의 원소, 정신 작용(行蘊)의 과정에 해당한다.

마지막으로 분노 중독은 궁극 실재 완전 지혜(ultimate reality perfection wisdom, 法界體性智)가 된다. 사파이어 같은

---

29 역주: 각각의 번뇌에 대응하는 지혜, 온蘊, 색깔은 티베트 불교 문헌에 따라서 약간씩 다르게 기술되고 있다.

파란색의 허공(空)의 원소, 의식(識蘊)의 과정에 해당한다.[30]

그래서 망념에서 해방된 각자覺者의 입장에서 보면, 이러한 심오한 정신적·감정적 에너지는 지혜의 에너지로 달라져서 나타난다.

이 지혜의 에너지는 인지의 방식이 되어서, 생사生死 전체와, 상상도 못할 지복至福으로 넘친 합일을, 색깔, 형태, 물질, 마음으로 표현한다. 그리고 해방된 자비심에 의해서 촉발된 정신적·감정적 에너지는 우주를 재조직해서 모든 중생이 각자 지고의 잠재성을 최대로 발휘할 수 있는 긍정적 환경 안으로 그들 중생을 감싸 안게 된다.

하지만 탄트라 심리학이 세계를 깊은 데까지 재창조하고, 그 세계 창조에 대한 복된 전망이 아무리 경이롭다고 해도, 망념이 지혜로 전환되기 전까지는 그 어떤 일도 일어

---

30 역주: 유식학파에서는 대원경지(大圓鏡智, ādarśa-jñāna), 평등성지(平等性智, samatā-jñāna), 묘관찰지(妙觀察智, pratyavekṣaṇā-jñāna), 성소작지(成所作智, kṛtyānuṣṭhāna-jñāna)의 4지(智)를 말하는데, 밀교에서는 여기에 법계체성지(法界體性智, dharma-dhātu-svabhāva-jñāna)를 더해 5지(智)를 말한다. 대원경지~성소작지의 4지는《성유식론》등 유식학파 논서에 많이 나타나며, 법계체성지는 밀교 한역 경전인《金剛頂瑜伽三十七尊出生義》,《金剛頂菩提心論略記》등에 나타난다.

날 수 없다. 그러니 우선, 분노와 같은 중독들을 길들이고 정복해야 한다. 그래야 이들 에너지들이 안전하게 재배치될 수 있다.

6장 분노 초월의 요가

우리는 어떻게 분노에서 해방될까? 위대한 성자聖 者이자 현자인 샨티데바(Śāntideva, 寂天)는 우리가 어떻게 하라고 가르치는가? 첫 단계는 분노에서 당연히 해방되어 야 한다고 결의하는 것이다. 기본적으로 "분노"는 없애는 것이 훨씬 나은 존재 상태와 행동 방식을 가리키고 있다.[31]

내가 했던 선행이 무엇이었든 간에

---

31 역주: 6장부터 저자가 인용하고 있는 글은 샨티데바의 《입보리 행론》제6장 〈인욕품〉이다. 《입보리행론》의 우리말 번역은 다음 두 가지가 있다. 청전 역, 《샨띠데바의 입보리행론》, 담앤북스, 2013(개정판). 최로덴 역, 《입보리행론 역주》, 하얀 연꽃, 2006. 《입보리행론》의 서면의 영문 번역에 충실하게 번역하면서 경우 에 따라 우리말 번역본들을 참조했다.

예불, 보시 등등

천 겁劫을 쌓았다 해도

한 순간의 분노로 무너지네.

- 《입보리행론》〈인욕품〉1 -

분노는 여기서 죄라기보다는 감정적 중독이다. "죄"는
위법 행위인 "범죄"처럼 그 결과로 처벌이 내려진다. 죄의
경우는 유일신적 "신(God)"이 처벌하고 범죄의 경우는 사
회가 처벌한다. 중독은 강박이 되어버린 습관으로서, 중독
에 빠진 사람은 그것을 통제할 수 없다. 그리고 중독은 그
사람의 물리적·정신적 인과 과정에 부정적 결과를 초래
한다. 그 결과가 한 개인의 한 생을 넘어서 지속될 때, 그것
이 "진화적"이라고 말해도 적절해 보인다. 이때 '진화적 연
속체(evolutionary continuum)'라는 말은 하나의 물질적 과
정(a physical process) – 즉 습관이 물질적 유전자들(physical
gene) 안에 암호화되어 새롭지만 영향을 받은 (어떤 다른 중
생의) 신체를 만들어 내는 과정 – 을 의미할 수도 있고, 또
하나의 정신적 물질적 과정(a psychophysical process) – 즉
습관이 "하나의 정신적 유전자(psychic gene)"에 암호화되

어 이미 진행 중인 개별적인 연속체의 새로운 심신 복합체를 만들어 내는 과정 – 을 의미할 수도 있다.

인내의 요가(the yoga of patience)에서 절대적인 첫 단계는, 분노가 나쁘고 악하고 부정적인 것이며, 중독 혹은 심지어 죄라고 결단을 내리는 것이다. 어떤 중독에서 벗어나려면 이러한 부정적인 태도와 감정을 제거하겠다고 마음은 단호하게 결의해야 한다. 이 점을 가르치기 위해서, 분노는 정확히 정의되어야 하고, 분노와 그와 관련된 충동들, 감정들, 에너지들 사이에 경계선을 그어야 한다. 짜증(irritation), 성가심(annoyance), 반대(disapproval) 등이 이런 것들을 일으킨 원천으로 인지된 대상에 대해서 해로운 방식으로 반응하면서 갑자기 억누를 수 없는 충동으로 폭발할 때 분노가 일어난다.

당신은 자신이 저지르는 정신적·언어적·신체적 행동의 주인이 더 이상 아니게 된다. 당신은 "자신의 분노를 표현하는" 것이 아니라 당신 분노의 비자발적 도구가 되어버린다. 예를 들어 사람들이 자신의 감정을 제어할 수 있었다면, 과연 누가 보살, 즉 완벽하게 이타적인 사람에게 분노할 수 있었겠는가?

당신은 분별력을 잃고 격분으로 흥분했을 때만 순전한 분노, 증오, 폭력의 충동을 느낄 수 있다. 이렇게 격노에 찬 미친 "광기(madness)"는 당신이 아주 오랫동안 애써 만들어 왔을 모든 진화적인 과정을 파괴한다.

샨티데바는 보살에게 분노하고 있는 극단적인 사례를 사용한다. 이것은 서양의 경우로 말하자면, 예수, 성모 마리아, 모세, 무함마드, 혹은 신 자신에 대해서 분노하는 것에 해당한다. 이는 모든 선성(善性, all goodness)의 원천에 분노하는 것이고, 당신을 먹여주는 손을 물어뜯는 것을 의미한다. 이것은 명백히 자기파괴적이다.

> 분노만큼 악한 것이 없고
> 인내만큼 효과적인 수련이 없네.
> 그러니 나는 모든 가능한 방법을 다 써서
> 열심히 인내를 길러야 하네.
>
> – 《입보리행론》〈인욕품〉 2 –

분노가 항상 해롭다고 결단하면서, 분노와 반대되는 것은 틀림없이 도움이 된다는 것을 이해할 필요가 있다. 분노와 반대되는 것은 결국 사랑과 자비, 다른 이들이 고통을 겪지 않고 행복해지도록 도우려는 의지이다. 그러나 분노와 증오로부터 자비와 사랑으로 당장 바꾸라고 강요하는 것은 우리 스스로를 너무나 심하게 다그치는 것이다. 중간 지대가 있는데, 그것은 내성·인내·자제(forbearance)·용서의 지대이다.

해를 입었을 때, 또는 해를 입었다고 생각할 때 우리는 화가 난다. 우리가 짜증을 참고 상해에 인내하고 반응을 자제하고 심지어 상처를 용서하기까지 할 수 있다면, 우리는 짜증은 나더라도 분노에 자신을 잃지는 않을 것이다. 그래서 적극적인 결심은 내성과 인내를 기르는 것이다.

나는 분노에 의해 상처받은 마음을 품고서
평화를 경험할 수는 없네.
기쁨이나 행복을 얻을 수도 없으니
잠 못 이루고 좌절감으로 뒤척이게 되네.

-《입보리행론》〈인욕품〉 3 -

무엇인가에 혹은 누군가에 의해서 상처받았을 때, 상처

받은 그 사람이 느끼는 분노는 내부로부터 오는 두 번째 상처다.

이것은 그 자체로 제2의 상처다. 상처를 준 사람에게 스스로 복수하기 위해서 당신 안에서 분노가 들끓는 한, 당신의 마음은 쉴 수가 없다. 보통때는 당신에게 즐거움, 심지어 기쁨을 주던 것들, 사랑하는 이의 얼굴, 좋은 음식, 매혹적인 연회, 관능적 환희, 이 모든 것들이 당신이 분노하는 즉시 매력을 잃는다. 당신이 정말로 분노하면, 잠들지도 못하고, 마음은 상처를 곱씹으며 어떻게 하면 비슷하게 혹은 더 심하게 복수할지 계획을 꾸민다.

분노는 크게 상호 호혜적이어야 할 인간관계를 망친다. 심지어 당신에게 의지하고, 당신 덕분에 생계를 해결하고 품위를 유지하는 사람들이라고 해도, 당신이 끊임없이 그들에게 분노한다면, 그들은 당신을 증오하면서 해치거나 심지어 파멸시킬 기회를 엿볼 것이다.

분노는 친구와 친척을 점점 잃게 하니
"그들은 내 선물에 기뻐하면서도, 나를 결코 신뢰하지 않는구나!"

그러니 행복하게 살 재간이 없네.

분노의 불로 타오르면서는.

- 《입보리행론》〈인욕품〉 5 -

분노는 불과 비슷하다. 그것은 당신을 불태우고 다른 이들도 불태운다. 다른 사람에게서 고립되면 당신은 행복할 수 없다. 그러나 남들 눈에 당신이 분노할 때마다 항상 해를 끼치고 상처를 주는 사람으로 비춰진다면, 그들은 당신에게서 멀어져 갈 것이다. 당신은 이런 생각들을 모아서, 분노가 항상 해롭고, 통상 좋은 것들도 망친다고 결정할 수 있다.

분노 - 내 진정한 원수 - 가

이러한 고통들을 만들어 내네.

그러나 분노를 제어하고 정복하는 자라면 누구든

금생과 내생에서 행복을 얻으리.

- 《입보리행론》〈인욕품〉 6 -

가장 큰 결단은 분노 자체를 당신 최대의 원수로 생각하는 것이다. 분노야말로 당신을 가장 크게 해치고 내부로부터 상처를 입히고 당신의 행복을 죽인다. 분노에 특히 대항하기 어려운 이유는 그것이 당신 내면에서 온 것이기 때문이다. 실제로 분노는 당신 자신으로 가장해서 나타난다. 이것을 일단 이해하면, 행복을 발견하려는 당신의 투쟁은 단순해진다. 이러한 결단은 행복으로의 열쇠를 당신에게 준다. 왜냐하면 최대의 적은 당신 안에 있으며 그것은 단 하나의 원천이기에, 내부로 향해서 그 뿌리를 발견하고, 분노의 모습들을 알아서 그것들에 대항해서 자신을 무장하고, 그 뿌리를 근절할 수 있기 때문이다. 그러면 당신은 분노의 위해로부터 자유로워질 것이다. 당신은 분노를 조금씩 조금씩 정복하여 당신이 찾고 있는 행복을 실제로 성취할 수 있을 것이다.

이것은 불교 심리학의 근본적인 발견이다. 당신은 일상적인 고통 앞에 항복할 필요는 없다. 즉 당신이 사회와 시간과 공간, 다른 사람들 앞에서뿐만 아니라 그보다 더 중요하게는 당신 자신의 내적 욕구와 충동, 요구 앞에서 속수무책으로 무엇이 정말로 어떻게 돌아가고 있는지 항상 의식하지도 못한 채로 고통 앞에 항복할 필요는 없다. 당신은

포기할 필요도 없고 열정과 분노 때문에 여기저기서 시달
릴 필요도 없다.

당신은 예전에는 의식하지 못했던 것을 의식할 수도 있
다. 당신은 자신의 다양한 충동들을 이해할 수 있고 그것들
이 어디에서 왔는지 이해하고 그 근원을 차단하며, 그 에너
지를 자신의 필요에 맞게 전환할 수 있다. 당신은 마음의
모든 명령에 저항할 수 있고, 근원적인 에너지의 활용법을
배울 수 있다. 당신은 이 에너지들을 자신의 삶과 행복을
위해서, 사랑하는 이들의 행복을 위해서 되찾을 수 있다.

다음으로 우리는 분노의 정신적 메커니즘을 이해해야 한
다.

> 분노는 정신적 불편을 먹이로 삼는다.
> 바라지 않는 일이 일어날 때,
> 바라는 일이 방해받을 때,
> 그때 분노가 폭발해서 나를 압도하네.
>
> -《입보리행론》〈인욕품〉 7 -

"분노"에 대한 정의는, 서양에서 이를 죽음에 이르는, 치

명적이고 사형에 처해야 할 악과 죄라고 하는 것이든, 동양에서 근본적인 정신적 중독(번뇌)이라고 하는 것이든, 본질적으로 자신을 휩쓸어 가는 능력을 포함하고 있다.

분노는 중독에 빠진 정념이 우리의 이성과 상식을 파괴할 때 일어난다. 우리의 마음, 말, 몸은 분노의 도구가 된다. 샨티데바가 여기서 우리와 함께 공유하려는 통찰은 진정한 분노가 일어나기 전에는 "정신적 불편", 즉 좌절감이 있다는 것이다. 이러한 좌절감은 당신이 원치 않는 일이 일어나는 것을 보거나, 원하는 일이 좌절되는 것을 볼 때 일어난다.

이런 상황에 당신은 점점 더 짜증이 나긴 하겠지만, 여전히 이성적이기는 할 것이다. 이럴 때의 핵심적 해결책은 불편이 사라지도록 마음과 말로, 혹은 신체적으로 관여하고, 당신이 폭발해서 분노에 대한 제어력을 잃고 그 도구가 되기 전에 상황에 적극적으로 개입하는 것이다.

이것을 알아서 나는 주의 깊게 없애야 하네.
그 적에게 생명을 부여하는 분노라는 먹이를.
그 적은 하는 일이 아무 것도 없네.

내게 해를 입히는 것 말고는.

- 《입보리행론》〈인욕품〉 8 -

그러므로 분노라는 연료가 발화점에 도달하는 것을 막기 위해서, 당신은 외부 상황에 관여하거나, 자신의 반응을 내적으로 다룰 수 있다. 만약 외면적으로 행동한다면, 원하는 일이 일어나게 하거나 원치 않는 일을 방지하기 위해서, 당신은 에너지가 넘치게 행동하거나 심지어는 공격적으로 될 것이다. (분노는 단순한 공격이라기보다는 극단적인 형태의 공격이기 때문이다.) 능동적인 개입은 제어력을 잃고 과도하게 행동할 때보다, 합리적이 되어서 에너지를 통제할 때 훨씬 더 효과적일 것이다. 그러나 당신이 아무리 노력해도 결과에 영향을 줄 수 없는 경우, 가장 두려운 일이 일어나거나 가장 원하던 일이 일어나지 않는 경우도 언제든 가능하다. 그럴 경우 당신은 방향을 바꿔서 자신의 내적 세계, 자신의 마음에 관여해야 한다.

무슨 일이 일어나든,
쾌활함이 손상당하지 않도록 해야 하네.

불행한 상태로는 소망을 이룰 수 없고

내 모든 덕도 잃게 되네.

- 《입보리행론》〈인욕품〉 9 -

여기서 내적 관여는 정신적 불편이나 좌절이 견딜 수 없을 정도로 되는 것을 막는다. 당신은 항상 행복하고 활기차고 만족해야 한다. 어떻게 해야 할까?

여러 가지 방법이 있다. 당신이 누리고 있는 축복을 하나씩 떠올리면서 당신의 주의를 다른 데로 돌리고, 그 불편이 얼마나 더 나쁠 수도 있었는지를 생각해 본다. 그리고 당신은 자신을 괴롭히는 상황을 좀 더 깊게 들여다보고, 좌절된 희망이라는 불이익을 어떻게 자신의 이익을 위해서 사용할 수 있을지를 생각해 보고, 내성과 강인함을 기른다.

또 다른 방법은 잘못이 무엇인지에 대한 확신을 통찰해서 그것을 다른 관점에서 보는 것이다. 당신 스스로 완전히 이상 증상을 보이는 것은 상황을 개선하는 것이 아니라 단지 당신의 불행만 더할 뿐이라는 것을 - 외적 고통에 내적 고통까지 더할 것임을 - 최소한 깨닫게 될 것이다. 이것이 매우 중요한데, 당신은 중독을 다루고 있기 때문이다. 중독

자는 자신의 나쁜 느낌을 경감시키는 데 도움이 될 것이라 느껴서 중독 물질에 유혹당한다. 이와 마찬가지로 분노도 유용한 에너지의 모습으로 당신 마음에 접근해서 다음과 같이 말한다.

"이건 정말 용납하지 못할 일이야! 괘씸해! 격노를 폭발해서 활활 타오르는 에너지로 어떤 장애물도 태워 버리고 상황을 깨끗이 정리하자! 과거에도 일이 항상 잘되었던 것은 아냐. 하지만 네가 이런 고통에 대해서 달리 뭘 할 수 있겠어!"

이런 정신적 습관에 대한 중독은, 마음의 특정 상태를 약속해 주는 물질에 대한 중독보다 더 미묘하다. 정신적 습관은 당신 자신의 새로운 상태로서, 당신 자신의 본성이 내리는 명령으로서 당신에게 오기 때문에 더욱 저항할 수 없게 된다. 중독자는 쾌감(the rush)과 황홀경을 경험했고, 모든 것이 나빠진 후 무시무시한 전락轉落을 경험했지만, 유혹의 순간에는 쾌감의 약속 때문에 이런 경험이 쉽게 무시된다. 그래서 분노를 적으로 인정하는 최초의 결단, 분노 완화의 요가를 시작하게 되는 이 최초의 결단이 무엇보다도 중요하다.

당신이 어떤 것에 왜 불행을 느끼는가?

그것에 대해 무엇인가를 할 수 있다면.

당신이 아무것도 할 수 없다면

불행을 느끼는 것이 무슨 도움이 되겠는가?

- 《입보리행론》〈인욕품〉 10 -

이것은 고전적 격률이다. 당신이 좌절했을 때, 화내기 전에 공격적으로 상황에 개입할 수 있다. 아주 쾌활하게 그리고 즐거운 에너지를 사용하면서 그렇게 할 수 있다. 할 수 있는 일이 아무것도 없다면, 당신 내부에 개입할 수 있다. 좌절감에 광기까지 더해서 불행을 가중시키지는 않을 것임을 스스로 명심해야 한다.

날개 있는 이담(Yidam), 18세기

날개 있는 헤루카(Heruka), 18세기

바즈라바이라바(Vajrabhairava), 18세기

마하칼라의 얼굴이 그려진 댄스 앞치마, 17세기

구루 닥포(Guru Drakpo), 또는 "진노한 스승", 19세기

본교(Bonpo) 호법존護法尊, 18세기

문수보살(Manjushri)의 유출물인 노란 거북이가 그려진 보호 부적 도해, 19세기

문수보살(Manjushri), 18세기

7장 내성耐性의 인내

자신과 친구들에게는 원치 않네.

고통과 경멸,

거친 말들과 불명예를.

적에게는 반대라네.

- 《입보리행론》〈인욕품〉 11 -

분노가 무엇인지, 그것이 상처와 고통에 어떻게 연결되는지를 기억하라. 놀라운 점은 나를 분노하게 만들고 나에게 고통과 아픔, 불편, 당혹을 주는 일들이 내가 적으로 여기는 다른 사람에게 일어날 때는 나를 기쁘게 한다는 점이다. 내가 원치 않는 바로 그 고통을 나는 적들이 겪기를 바란다.

> 행복의 원인은 가끔 생기고
> 고통의 원인은 아주 많네.
> 그러나 고통 없이는 초월도 없다네.
> 그러니 내 마음이여, 그대는 용감해야 하네!
>
> ─《입보리행론》〈인욕품〉 12 ─

행복하기보다는 고통 느끼기가 훨씬 쉽다. 행복의 원인 보다 고통의 원인이 더 풍부해 보이기 때문이다. 그리하여 당신은 고통을 더 많이 겪게 될 것이다.

논리적으로 말하자면, 보다 풍부한 행복을 찾기 시작하는 유일한 길은, 고통의 일반적인 원인을 행복의 원인으로 전환하는 길을 찾는 것이다. 그래서 당신은 고통에 대한 경험을 활용해서 초월적인 마음, 자유로 향한 마음, 믿을 수 있는 행복을 추구하면서 피상적인 쾌락을 포기하는 마음을 기를 수 있다. 그러면 고통의 풍부한 원인들은 당신에게 행복─자유에 기반하고 있는 확실한 행복─의 풍부한 원인들을 줄 것이다. 그래서 당신은 참아내는 인내심과 내성의 힘을 강화하는 고통을 추구한다. 이런 것들이 당신을 자유로 이끌고 행복을 가능하게 할 것이다. "나를 죽이지 않는 것은 나를 강하게 만든다!"라고 니체가 말했다. 보디빌더들도 "고통 없이는 얻는 것도 없다(No pain, no gain)"고 말하지 않는가.

고해자와 스스로 채찍질하는 자는 무의미하게
자상刺傷과 화상火傷의 감각을 참는다.
그러면 내 마음이여,
그대는 왜 자유를 위한 고통을 두려워하는가?

-《입보리행론》〈인욕품〉 13 -

"뭐라고? 우리가 이제 마조히즘(피학대음란증)의 영역에 들어간다고? 우리는 분노의 치유책으로 고통과 아픔을 찾고 있는가? 그런 게 효과가 있을 것 같지 않아. 너무 이상해!" 아니, 물론 당신 보고 마조히스트, 즉 깊은 자기 혐오감에서 고통을 경험함으로써 쾌락을 구하는 마조히스트가 되라는 것은 아니다.

당신은 고통을 통해서 덧없는 쾌락을 구하고 있는 것은

아니다. 당신이 고통을 구하는 것은 초월적인 무집착을 기르고 덧없는 쾌락의 포기를 길러서, 자유를 얻기 위해서이다. 종교적인 광신자, 마조히스트, 공허한 육체 숭배자들은 전적으로 허황된 목표를 이루려고 고통에 대한 저항을 엄청나게 기른다.

당신은 이런 점을 언급함으로써 스스로를 독려한다. 만약 그들이 불충분한 목표를 위해서 그렇게 할 수 있다면, 당신은 가장 위대한 목표를 위해서 그렇게 할 수 있을 것이다. 결국 초월적인 내성은 일체의 고통에 대한 공포로부터의 자유를 의미하고, 논리적으로 말한다면 유일하게 영속적인 행복을 의미한다.

부단한 수련을 통해
참기 쉬워지지 않는 것은 없다.
그러니 작은 고통으로 수련함으로써
큰 고통을 참는 법을 배워야 하네.

– 《입보리행론》〈인욕품〉 14 –

점진적으로 내성을 기르는 것은 정말로 효과가 있다. 이

것은 세속적인 목적에서든 초월적인 목적에서든 모든 심
신 수련에서 볼 수 있다.

이런 우연한 고통을 누가 안 겪어봤으리.

곤충에 물리고, 뱀에 물리는 것,

갈증과 배고픔의 격통,

발진 같은 염증 등등.

-《입보리행론》〈인욕품〉 15 -

그것은 일상에서는 상식이다. 가려운 곳은 긁는 것보다
는 치료해서 없애 버리는 것이 더 낫다.

나는 못 참아서는 안 되리.

더위, 추위, 비, 바람,

병듦, 죽음, 속박, 타격打擊 같은 것들을.

참지 못하면 해만 더 입으니.

-《입보리행론》〈인욕품〉 16 -

우리는 보통 우리의 취약하고 무상한 삶을 이루는 물질

적 원소들에서 일어나는 불편, 그리고 자연적인 과정에서 일어나는 불편에 짜증내며 좌절하게 된다. 이러한 좌절들이 분노의 폭발로 이어질 수 있다. 그래서 비를 증오하고 바람에 고함 치고, 우리가 걸리는 이런 저런 질병에 격노하며 몸부림치고, 갖가지 공격이나 사고로 괴로워하다가, 죽음에 직면하게 되면 신, 운명, 붓다 혹은 부모에게 주먹을 휘두른다.

그러나 뭣 때문에 이런 행동을 하는가? 분노-반응(anger-reaction)은 물질적 원소들에, 그리고 자연이나 어떠한 신성한 힘에도 영향을 미치지 않는다. 그것은 단지 외면적 고통과 압박에 내면적 고통과 스트레스만 더할 뿐이다.

어떤 이들은 더 용감하고 영웅적으로 되네.

자신의 피가 뿜어져 나오는 것을 보면.

다른 이들은 현기증을 느끼고 기절까지 하네.

남이 피흘리는 것만 보아도.

- 《입보리행론》〈인욕품〉 17 -

이런 차이는 그 사람 마음의 성격에서 오네.

마음의 습관이 용감한지, 소심한지에 따라서.

그러므로 나는 상처를 무시하고

고통이 내게 일어나지 않게 해야 한다네.

- 《입보리행론》〈인욕품〉 18 -

당신이 다른 사람들을 관찰해 보면, 어떤 사람은 속박과 고통 속에서도 용감하고 영웅적인데, 다른 사람은 같은 상황에서 굴복한다는 것을 알 수 있다. 당신이 용감한 자를 존경하고 벌벌 떠는 자를 경멸할 것임은 분명하다. 그러니 당신도 용기를 기르겠다고 결심해야 한다.

현자는 고통을 겪더라도

마음이 흐려지거나 동요되지 않네.

여러 중독과의 전쟁에서

싸움은 많은 해를 가져 오네.

- 《입보리행론》〈인욕품〉 19 -

어쨌든 당신은 악과 중독과 싸우는 중이고 여기서는 특히 분노라는 중독과 싸우고 있다. 그러한 커다란 갈등에서

몇 번의 심각한 타격도 없이 이기리라 기대할 수는 없을 것이다. 분노는 당신을 이용해서 통렬한 타격을 당신 주변에 있는 모두 사람에게 날린다.

당신이 분노로 향하게 되면, 분노도 당신으로 향해 올 것임을 예상해야 한다. 그러니 당신은 분노에 대항해서 스스로를 강화시켜야 한다. 분노가 당신으로 향하게 될 때, 그것은 당신이 고통받기를 원한다. 만약 고통에 대해서 성내거나 개인적으로 받아들이지 않고, 자연적인 것으로 보아서 참아내기를 배웠다면, 당신은 분노가 당신에게 무슨 짓을 하든 그것에 대한 방어는 탄탄하게 되어 있다. 분노는 당신을 이길 수도 없고 분노하게 할 수도 없다. 그래서 당신은 이렇게 위대한 인내, 위대한 내적 내성耐性의 경지 안에서, 자유로 향하는 길을 찾는다.

참으로 승리하는 영웅들은

모든 고통을 무시하고

분노와 같은 적들을 정복하네.

나머지 사람들은 시체를 죽일 뿐이네.

– 《입보리행론》〈인욕품〉 20 –

분노라는 적과 싸우는 영웅은 전장戰場의 영웅적 행위에 비유된다. 분노와 그 외의 다른 중독들은 참으로 훌륭한 적들이다. 그 적들을 패배시키면 진실로 훌륭한 결실인 자유를 얻을 수 있기 때문이다. 당신은 분노 등의 중독과의 싸움에서 어떠한 고통을 겪든지, 그 고통을 무시할 때에만 그것들을 극복할 수 있다. 그때 당신은 참된 영웅적 행위, 즉 죽음도 넘어서고 일상의 자기중심적인 삶도 넘어서는 영웅적 행위를 보인다. 다른 중생과 싸우고 그들을 죽이는 세속의 영웅들은 자신들의 에너지를 분노에서 얻는다. 그들은 분노의 앞잡이가 되어서, 스스로 분노의 도구일 뿐인 적의 몸, 즉 좀비 같은 몸을 살해하는 것에 불과하다. 당신에 맞서 그들을 전장戰場으로 몰아간 그들의 분노는, 이미 그들의 자유로운 삶을 빼앗아 버린 것이고, 당신의 분노도 그분노가 내세우는 대의를 위해서 당신을 좀비처럼 만든다. 당신은 시체들을 죽이는 영웅의 시체일 뿐이다. 당신과 상대방 둘 다 진정한 적인 분노에 패배당한 것이다.

더욱이 고통에도 이익이 있으니
실컷 고통을 당하는 것은 오만을 쫓아내고

윤회하는 중생에 대한 자비를 북돋아 주네.

악惡을 피하고 덕德을 사랑하게 만드네.

- 《입보리행론》〈인욕품〉 21 -

당신은 이제 인내의 첫 단계에 굳건히 서게 되었다. 이 단계에서는 의식적 고통에 대한 훈련을 통해서 고통을 참으면서, 고통을 초월적인 자유에로의 박차拍車로서 이용하는 것을 배운다.

인내를 위한 투쟁, 주로 분노를 정복하기 위한 그 투쟁에서, 당신은 자만과 오만에 맞서서 고통을 이용하는 방법, 또한 중독에 빠져 고통 받고 있는 다른 이들과 자신을 동일시하는 방법도 알게 되었다. 그래서 당신은 그들의 고통에 공감하고, 그들을 위한 자비를 기르며 그들도 자유롭게 하려는 의지를 기르게 된다.

8장 통찰적인 인내

"나는 분노하지 않네,

고통의 주요 원천인 담즙(bile) 같은 언짢은 것에는.

그러면 왜 마음을 가진 존재들에게 분노하는가?

그들 모두 조건적으로 일어나는 데도.

- 《입보리행론》〈인욕품〉 22 -

　참을성의 수련을 통해서 기른 인내를 몸에 익힌 후에, 당신은 분석적인 정념(正念, mindfulness)을 동원해서 통찰에 바탕을 둔 능동적인 자제의 경지로 올라가야 한다.

　분노는 항상 하나의 틀 안에서 불타오른다. 즉 습관적으로, 심지어 본능적으로 그리고 과도하게 자신을 실체화하고 과도하게 타인을 대상화하는 데서 오는 개념적인 표적화 안에서 불타오른다. 당신이 화를 내는 사람과 관련해서 당신은 특히 그 사람의 의도에 주목한다. 보통 이러한 마음의 작동은 무의식적, 자동적으로 일어나는 것이다.

하지만 당신은 당신 자신의 절대화한 자아감각(自我感覺, absolutized sense of self)으로부터 투사해서, 당신의 적 안에 하나의 인격을 절대화하고, 그 적의 자아에게 악의적인 의도를 부여하고, 그가 당신을 해치기를 냉혹하게 원하고 있다고 생각한다. 그러면 당신은 편집증(paranoia)을 느끼고, 적이 할지도 모를 일을 두려워하면서 분노를 선제적으로 폭발시키고, 그 위협을 제거하겠다고 스스로에게 절망적으로 약속한다.

여기서 샨티데바는 분노가 자연의 자연스러운 폭발력인 것 같아 보여도, 실제로는 습관적이고 분별적인 틀 안에서 작동하고 있는 것에 주목한다. 담즙으로 인해 열이 나고 아플 때, 그리고 (자연의) 원소들이 재해, 지진, 홍수, 화재, 폭풍을 일으킬 때, 당신은 담즙이나, 지수화풍에 화를 내지는 않는다. 그러니 당신이 중생(마음을 지닌 존재) – 당신과 꼭 같다고 간주되는 중생 – 을 대적으로 선택하는 것은, 당신을 해치기를 이미 원하고 있고 지금 원하고 있으며, 앞으로 원할 중생에게 하나의 독립된 행위자(an independent agency)를 투사하는 것에 기초하고 있다. 그 상황과 관련하여 좀 더 집중된 정념을 하고, 그리고 자신과 대적의 실재 그리고 상황의 실재를 분석하게 되면, 당신은 대적이 땅이나 강처럼 단지 자동장치(automation)에 불과하다는 것, 그의 행동도 당신의 행동처럼 무의식적 충동과 태도에 의해서 추동된다는 것을 금방 알 수 있다. 그에게는 독립적인 의지가 전혀 없으며 그도 당신과 마찬가지로 자신의 내적 충동의 무력한 희생자일 뿐이다.

의도치 않아도

그들이 불가피하게 병에 걸리는 것처럼

그렇게 의도치 않아도

중독이 강박적으로 일어나네.

-《입보리행론》〈인욕품〉23 -

담즙膽汁이 독립적이고 의도적인 행위자 없이도 (마음에 분노라는 질병을 일으킬 뿐만 아니라) 몸에 자연적으로, 기계적으로 열병을 일으키듯이, 깨닫지 못한 유정有情의 존재는 망념, 정욕, 분노 등과 같은 중독에 의해서 의도적인 의향 없이 스스로 기계적으로 작동하면서 분노로 치닫는다. 여기서 "담즙"이라는 용어를 선택한 것은 의미심장하다. 불교의학에서 "담즙"은 물질적 원소로는 불에 해당하고, 정신적 독으로는 분노에 해당하는 체액이다.

> "나는 격노해야만 해!"라고 생각하지 않아도
> 사람들은 무력하게 격노를 느끼네.
> "나는 격노를 일으켜야만 해!"라고 생각하지 않아도
> 격노 자체가 자동적으로 일어나네.
>
> – 《입보리행론》〈인욕품〉 24 –

분노-중독의 마력 아래에서 사람들은 그들 자신이 분노를 표출시키려고 하는 것이 아니라 단지 분노로써 폭발하는 것이다. 분노하기 전에 당신은 "나는 이러저러한 것에 분노해야 해!"라고 생각했을지라도, 분노의 본성 자체는 당신을 붙잡아 당신에게서 자유의지와 이지적인 선택을 빼앗는 것이다. 마찬가지로 분노가 격분(rage)과 격노(fury)

로 일어났을 때도, 그것은 격분하기로 선택하는 어떠한 자유로운 행위자 없이도 일어난다. 불이 다음 장작을 태우겠다고 선택하는 것이 아니라 자동적으로 태우듯이, 당신 자신과 당신의 분노, 대적과 대적의 분노는 기계적 과정으로서 거기에는 의식적인 의향이 없다.

세상에서 볼 수 있는 모든 사악함과

다양한 종류의 악덕은

모두 조건들의 힘에 의해서 일어나는 것이니

결코 의도적으로는 아니라네.

－《입보리행론》〈인욕품〉 25 －

사악한 행동이나 정신적 중독 안에 있는 자유로운 행위자를 실체화하는 지각을 당신이 꿰뚫어 볼 때, 그리고 사물들을 비인격적인 원인과 조건들의 불가사의不可思議의 네트워크로 볼 때, 당신의 분석적인 정념은 재빨리 통찰에 이른다.

이들 조건이 함께 모여서

"우리 상해를 가하자!"라고 의도한 것이 아니네.

조건들의 산물 즉 상해 자체가

"나는 만들어질 거야"라고 의도한 것이 아니네.

- 《입보리행론》〈인욕품〉 26 -

상호 연결된 수많은 사물과 과정의 네트워크 안에는 당신을 해치려고 의도하는 인격화할 수 있는 어떤 행위자도 없다. 그러니 당신은 분노의 진정한 목표물, 즉 고통의 궁극 원천이며, 파멸시키면 실제로 행복을 얻을 수 있는 그러한 목표물을 의식적으로 고를 수가 없다.

혼 질료(soul-stuff)로 상정된 행위자조차도,

이론적으로 상상된 자아도

결코 자발적으로 다음처럼 생각하면서 행동하지 않네.

"나는 상해의 원인으로서 일어나야만 해!"라고.[32]

- 《입보리행론》〈인욕품〉 27 -

---

32 역주: 청전의 《입보리행론》 번역의 주석에 따르면, 여기서 '혼 질료(soul-stuff)'는 상키야(Sāṃkhya) 학파의 프라크리티(Prakṛti)를 가리키고, '이론적으로 상상된 자아(self)'는 푸루샤(Puruṣa)를 가리킨다. 청전 역, 《샨띠데바의 입보리행론》, 담앤북스, 2013(개정판), 93쪽.

종교와 철학이 사람과 사물들 안에 있다고 상상하는 혼과 본질적 자아는, 언제나 절대적인 것(absolutes)으로 상정되고, 정의상 다른 것으로 환원되지 않고 불변이고 비관계적인 것(nonrelational)으로 상정된다. 그래서 합리적으로 본다면 그것들은 관계적으로 사고하고 행동하는 행위자라고 할 수가 없다.

> 그러한 '혼'이나 '자아'는 불생不生이고, 존재하지도 않으므로
> (상해나 어떤 행동을) 일으키려는 그들의 의지도 그러하다.
> 그들의 대상에 대한 주의注意도 영원해야 하므로
> 이 주의도 결코 행동으로 결실을 맺을 수 없다.
>
> ─《입보리행론》〈인욕품〉 28 ─

이러한 고찰은 순수 지혜의 차원에서 인도와 티베트 소재의 불교 대학에서 고도로 발달되었던 추론, 즉 정교하고 형이상학적이고 비판적인 추론으로 이어졌다. 그 대학들에서 사람들은 절대 자아(absolute self)에 대한 설명들 ─ 생각할 수 있는, (그리고 불가사의한) 설명들 ─ 을 모두 조사하

고 비판했다.

여기서 논의의 대상은 분노이므로 그러한 분석을 길게 다룰 필요는 없을 것이다. 그와 같이 영속적이고 참으로 절대적이며, 미분이고(partless), 비관계적 실체(entity)인 불멸의 영혼이나 자아는, 어떠한 조건적 과정에 의해서도 생겨날 수 없었던 것이며, 공간처럼 무조건적인 것이고, 심지어 불생이어야 한다는 말로 충분할 것이다. 따라서 그러한 혼이나 자아는 생각과 행동과 같은, 관계적·조건적인 과정에 참여할 수도 없다.

> 만약 (주장하고 있는 것처럼) 자아가 영원하다면
> 그것은 분명히 허공처럼 비활동적이어야 할 것이네.
> 다른 조건들과 만난다 해도
> 스스로 변하지 않으면서 무엇을 할 수 있었겠는가?
>
> ─《입보리행론》〈인욕품〉29 ─

또한 사고 실험을 좀 더 해 보면, 그런 영속적이고 절대적인 자아의 이미지는, 관계적 사물들(relational things)의 이미지, 즉 스스로 변화하고, 다른 관계적 사물들과 상호작용하는 사물들과 만나는 어떤 것으로서의 이미지와는 잘 맞지 않는다. 그리하여 그런 자아의 존재는 비현실적이다.

> 그리고 만약 어떤 것에 행동을 가했지만 그것이 이전과
> 동일하다면
> 행동이 무슨 영향을 미친 것이겠는가?
> 비록 우리는 "이것은 이것의 행동이다"라고 말해도
> 그 행동이 (다른 것과) 어떤 관계에 있을 수 있겠는가?
>
> ─《입보리행론》〈인욕품〉 30 ─

여기서 어떤 관계적 사물들 가운데 존재하는 것으로 상정된, 하나의 비관계적 절대적 자아(a nonrelational absolute self)는 존재할 수 없다. 그리고 관계적 사물들의 네트워크는 비관계적 본질, 실체, 자아들, 혹은 일체의 독립적인 사물들로부터 불가사의하게 자유로운 것으로 부상한다. 이 자유는 위에서 말했던 통찰에 의해서 경험된다. 그리고 그 통찰은 당신의 자아-경험의 핵심에 있는 절대 자아에 대한 감각(the sense of absolute self), 바로 분노가 꽉 붙잡아서 그 자체의 충동을 절대 명령처럼 제시한다는 그런 자아에 대

한 감각을 허문다.

> 그래서 모든 것은 다른 사물들의 힘 안에 있고
> 그 사물들 자체도 또 다른 사물들의 힘 안에 있네.
> 이것을 알면 결코 분노할 수가 없네.
> 유령처럼 실재하지 않는 것들에 대해.
>
> -《입보리행론》〈인욕품〉 31 -

통찰은 분별적 구조 전체를 절대화하는 당신의 지각을 결정적으로 해방시킴으로써 인내를 강화시킨다. 그러한 분별적 구조 내에서 분노는 당신 - 당신의 "자아", "대적", "상해", "복수" - 을 통제할 수 있는데, 이 모든 실체들은 당신의 정신적 습관들이 만든 구성물로서 부상한다. 이런 통찰은 실제로 일어났던 일, 당신이 실제로 해야 할 일에 대해서 불가피하게 보였던 인식의 감옥에서 당신을 해방시킨다.

모든 것은 비실재성(unreality)의 색조와 유동성(fluidity)의 색조를 띠기 시작하고, 당신은 반응함에 있어서 예전과는 다른 수준의 유연성을 성취한다. 이전에는 도저히 참을 수 없어서 분노해야 한다고 여겼던 것에 대해서, 이제 당신은 내외 양면에서 여러 다른 각도로 사물을 볼 수 있기 때문에, 지각과 반응에 있어서 인내하고 좀 더 주의할 수 있게 되었다.

"모든 것이 비실재였다면 누가 무엇을 없앤다는 것인가?
분노의 제거는 분명 비합리적이지 않은가?"
분노의 제거는 비현실적인 일은 아니네.
당신이 끊임없는 고통의 흐름을 막고 싶다면.

− 《입보리행론》〈인욕품〉 32 −

그러나 당신은 이렇게 반박할 것이다. "왜 우리가 귀찮게 분노 수련을 해야 하는가? 분노가 비실재라면, 대적도 비실재이고 나도 비실재인데, 내가 무엇을 하든 더 이상 중요하지 않다!" 확실히 모든 것은 비실재이다. 그러나 비실재적인 당신은 여전히 비실재적인 고통을 비실재적으로 경험하고 있다!
"비실재임(unreal)"은 절대적이고 본질적으로 실재처럼 여겨졌던 것, 그것이 절대로서는 실재하지 않는다는 것, 그리하여 오직 상대적으로만 실재한다는 것만을 의미한다. 이런 사실이 당신을 자유롭게 해서 사물들이 더 나은 방식으로 상호작용하게끔 재구성할 책임을 느끼게 한다. "비실재임"은 사물들이 존재하는 방식의 성질을 나타내는 것이지, 그것들이 철저하게 존재하지 않는다(nonexistent)는 의미는 아니다.

상대적인 사물들이 절대적인 것들(absolutes)로서는 존재하지 않는다는 것은 분명하다. 그러나 이것은 그것들이 상대적으로는 분명 존재한다는 것을 의미한다. 우리의 상대적 존재 안에서 우리는 끔찍하게 고통을 겪고, 분노는 고통을 악화시키는 파괴를 많이 일으키므로, 분노를 없애는 것은 전적으로 현실적이다.

그래서 대적이나 친구가

뭔가 잘못을 저지르는 것을 보아도

나는 여전히 기분 좋게 있을 수 있네.

"이것은 기계적인 조건에서 온 것이야"라고 생각하며.

-《입보리행론》〈인욕품〉 33 -

통찰에서 생겨난 인내를 계발함으로써, 그리고 사물들의 비실재성과 실재성을 알아차리는 내성耐性을 계발함으로써, 당신은 일이 잘 되어가지 않거나 잘못 되어가는 데서 생기는 좌절이 분노로 폭발하는 것을 막을 수 있다.

당신은 모든 일의 조건성 – 그런 일들이 기계적으로 일어난다는 것 – 을 성찰함으로써 유쾌함을 유지할 수 있다. 그래서 그 일들에 대해서 침착하고 차분하게 개입하여 부정의 방향에서 긍정의 방향으로 그 일들의 흐름을 변화시킬 수 있다.

> 만약 그것이 자발적으로 일어난 것이었다면
> 아무도 고통을 원하지 않기에
> 육신을 지닌 그 누구도
> 고통을 경험하지 않으리.
>
> – 《입보리행론》〈인욕품〉 34 –

요점을 말하자면, 당신은 대적을 비롯해서 중생의 무력함을 확인하면서, 고통이 어쩔 수 없는 혼란과 여러 정신적 중독 때문에 일어난 것일 뿐임을 깨닫는다. 이러한 혼란과

중독은 중생을 사로잡아서 그들에게서 선택의 자유나 의
지의 자유를 모두 빼앗아 간다.

> 부주의로 인해
> 사람들은 가시 따위에 찔려서 다치네.
> 그리고 짝을 얻는 따위의 일에
> 사로잡혀서 쇠약해지네.
>
> - 《입보리행론》〈인욕품〉 35 -

사람들의 지각없는 행동을 관찰하면서, 당신은 예수가
했던 유명한 말처럼 그들은 자신들이 무엇을 하는지 모른
다는 것을 곧 깨닫게 될 것이다.[33]

> 어떤 이들은 절벽에서 뛰어 내려 자살하고
> 독이나 해로운 음식을 먹네.
> 많은 이들이 자기 자신을 무분별하게 파멸시키네.

---

33 역주: 성경의 누가복음 23장 34절에는 "예수께서 이르시되 아버
    지 저들을 사하여 주옵소서. 자기들이 하는 것을 알지 못함이니
    이다 하시더라."는 구절이 나온다.

부도덕한 행동에 연루되어.

-《입보리행론》〈인욕품〉36 -

　자신을 향한 분노로 스스로를 파멸시키는 자들을 보라. 분노가 이들에게 도대체 무슨 도움이 되겠는가? 그들이 진정한 의미에서 스스로를 통제했다면 왜 그랬겠는가?

　　그들이 감정적 중독의 힘으로

　　자신들의 소중한 자아마저도 죽인다면,

　　어떻게 해치지 못하겠는가?

　　다른 중생의 몸을.

-《입보리행론》〈인욕품〉37 -

　그들이 정신적 중독에 힘없이 휘둘려 자신을 해치거나 죽인다면, 그들의 분노가 다른 이들을 향했을 때 그들을 해치거나 죽이지 않으리라고 기대할 수 없음은 당연하다.

　　그러니 여러 중독에 빠져서

　　그들이 나를 죽이려고 이런 저런 시도를 할 때

자비를 느끼기는 아마 어려울 것이네.

하지만 분노한들 무슨 소용인가?

-《입보리행론》〈인욕품〉 38-

　당신을 죽이거나 해치려고 하는 사람에게 즉각 자비를 느끼기는 어려울 것이다. 당신은 아마도 싸울 것인가, 도주할 것인가라는 반응에 대해서 골몰할 것이다. 실제로 당신 자신을 방어할 필요가 있어서 망상을 가진 공격자에게 연민을 느낄 시간이 없을지도 모른다. 하지만 왜 일부러 분노를 폭발하는가? 당신의 에너지를 아껴라! 상해를 피하기 위해서, 가장 효율적인 방법으로 적을 진정시키는 가장 효율적이고 합리적인 대응을 위해서.

어리석은 자들이

다른 이를 해치는 것이 자연스럽다면

그들에게 분노하는 것은 잘못되었으니

태운다고 불을 원망하는 것과 같네.

-《입보리행론》〈인욕품〉 39 -

불이 나면, 당신은 불을 끄는 데 극도로 집중하고, 가능한 한 빨리 불을 끄기 위해서 당신 수중에 있는 모든 합리적인 방법을 사용한다. 당신은 불을 향해서 먼저 몹시 분노하고 고함치고 비명을 지르고, 불을 저주하는 등의 행위는 하지 않는다. 당신은 그런 행위를 시간과 에너지의 낭비로 생각한다. 그러니 깨닫지 못한 자가 당신을 해칠 때 일부러 분노할 필요는 없다. 단지 그 상해를 최소화하거나 피하는 데 모든 노력을 다하라.

> 중생이 선량하고
> 해로운 악행이 가끔 있다고 해도
> 분노하는 것은 여전히 잘못이네.
> 연기로 가득찼다고 공간을 원망하는 것처럼.
>
> -《입보리행론》〈인욕품〉 40 -

당신이 중생의 본성은 선량하다는 통찰을 가졌다고 해보자. 그들은 우선 스스로 고통을 피하려 하기 때문에, 타인을 괴롭혀 성나게 만들어서 위험한 반응을 초래하지는 않을 것이다. 그래서 그들이 분노하고 가해할 때, 당신은 그들이 자신들의 천성을 저버린 것이라고 느낄 수 있고, 그들이 가하는 상해가 자연스러운 것이 아니므로 분노가 적절하다고 느낄 수 있다. 그러나 불길이 잡히지 않아서 허파에 연기가 차서 질식할 것 같을 때, 당신은 평소에는 신선한 공기로 가득 차 있었지만 지금은 연기로 가득 차게 된 공간에 대해서 분노하겠는가? 아니, 당신은 기침하고 숨을 참고 연통을 열거나, 불에 물을 끼얹거나 방을 빠져나오려고 애쓸 것이다. 분노가 얻는 것은 아무 것도 없다.

> 몽둥이 등이 나를 정말로 해쳐도
> 내가 화내는 것은 휘두르는 사람에 대해서이네.
> 그러나 그 사람 또한 분노로 움직여진 도구이니
> 나는 분노 바로 그것에만 분노할 뿐이네.
>
> – 《입보리행론》〈인욕품〉 41 –

마지막으로, 당신은 이제 정념正念의 통찰을 통해서 분노라는 절대적 반응을 정당화하는 하나의 절대적 관점에 고착되지 않고, 다양한 각도에서 사태를 볼 수 있다. 그래서 누군가 당신을 몽둥이로 쳤을 때, 당신이 몽둥이에 분노하는 것이 아니라, 그리고 손, 팔의 근육, 이두박근, 어깨, 목, 가격자의 얼굴에 분노하고 있는 것이 아니라, 의도적으로 해치려고 몽둥이로 당신을 내려치는 그 사람에게 분노하고 있음을 당신은 알 수 있다.

당신의 분노는 하나의 개념적인 선택지로서 행위자 (agency) - 그 사람 안에 있는 행위자 - 에 주목한다. 당신은 그 행위자를 나쁜 의도를 가진 자로 절대화하고 그 대적을 악마시하고, 오직 그런 다음에 그 대적을 파괴하기 위해서 분노를 폭발한다. 그러나 당신이 이제 알게 되는 것은, 몽둥이가 그의 손과 뇌의 무력한 도구인 것처럼, 그 사람이 자기 자신의 분노의 무력한 도구라는 사실이다. 그래서 당신은 그를 몰아간 정신적 중독에 분노할 수 있을 뿐이다. 당신은 그의 분노에, 분노 자체에 분노할 수 있다. 그러나 분노에 대해서 분노하는 것은 분노 파괴를 목표로 한다. 그리고 분노가 분노를 파괴할 수 있는 길은, 분노가 마음에 들어오지 않게 하는 것이다. 분노는 오직 분노하지 않음으로써 파괴될 뿐이다! 분노에 대한 효율적인 분노는 오직 내성의 에너지가 되는 길이다.

9장 용서하는 인내

예전에 나는
중생에게 상해를 가했네.
그래서 그들에게 상처를 준 것이
내게 이제 상해로 돌아오네.

- 《입보리행론》〈인욕품〉 42 -

분노의 바로 그 뿌리에 이르기 위해서, 우리는 관계적 실재(relational reality)의 불가사의 안으로, 다시 말하면 무한한 시공에 걸쳐서 중생이 진화적으로 서로 연결되어 있는 그물망 안으로 더 깊게 들어가야 한다.

우리에게 이런 커다란 관점이 필요한 것은, 우리는 무한 차원에서만 만물을, 제한된, 소위 절대적이라고 하는 준거틀 하나 없이, 인과적·조건적으로 서로 연결되어 있는 것으로 볼 수 있기 때문이다.

우리는 "최초의 시작", "원인 없는 원인(uncaused cause)", "최후의 한계" 등을 뛰어넘어야 하고, 소속감을 느끼고자 광활한 무한을 피해서 숨고 싶어 하는 자아중심적 인간이 투사한 것으로부터 스스로를 해방시켜야 한다.

우리를 장악하고 있는 분노의 뿌리를 붙잡아 뽑아내기 위해서 우리는 광활한 무한(vast infinity) 어디에서 고통, 상해, 상처의 원천, 즉 자기보호적 행동의 목표물을 찾아야 할까? 분명히 그 답은 우리 자신 안에 있다. 우리가 우리 가까이 둔 것은 우리 자신이다.

우리는 스스로에게 책임이 있다. 우리 자신에 대한 제1차적 통로는 우리다. 우리는 우리 스스로에 대해서 무엇인가를 할 수 있다. 우리는 우리 자신이 그 진정한 본성에 있어서는 나머지 세계처럼 무한하다는 것을, 궁극적으로는 무한한 우주의 나머지와 아마 완전히 다르지는 않다는 것을 발견할지도 모른다. 하지만 우리 자신을 통해서 그 무한에 접근하는 것이 가장 유용하다.

우리의 분노는 자신의 내부에서 온다. 우리의 인내도 내부에서 온다. 우리의 망념은 내부에서 우리를 조종한다. 우리의 지혜는 내부에서 우리를 해방시킨다. 그래서 우리는 우리 자신의 세계를 만드는 데 책임을 져야 한다. 자아와 타자를 절대적으로 분리시키는 우리의 망념은 고통의 세계를 만든다.

분노는 자아와 타자로 분리된 세계를 파괴하고, 그 세계를 공포와 위험의 세계로 변하게 한다. 그래서 무언가 나쁜 일이 우리에게 일어날 때, 가장 효과적인 움직임은 자기 내부에서 그 원천을 뒤쫓는 것이다. 앉아서 다른 이의 세계를 비난하는 것은 좋을 게 없고, 오직 무력감을 강화시킬 뿐이다. 우리는 다른 이를 통제할 수 없으며 오직 자기 자신만 통제할 수 있기 때문이다.

그래서 우리는 마침내 창조적으로 되어 우리 자신을 유쾌하게 비난하고, 우리라는 피해자(the victim)에게 피해자임을 극복하라고 단호히 비난한다. 우리라는 피해자를 스스로 비난한다고 해서 우리의 피해가 더 심해지는 것은 아니다. 이것은 우리를 피해자로 만드는 일로부터 우리 자신을 해방시킨다.

우리는 모든 것에 책임을 지고 모든 것을 통솔한다.[34] "좋아, 내가 당했어. 과거에 내가 다른 이를 해쳤기에 지금 당했어. 내가 지금 그 결과를 없애고 있는 것은 얼마나 대단한가! 이제 나는 그들을 다시 해치지 않을 것이고, 그래서 해를 입지도 않을 거야. 다른 이들을 열심히 도와줘서 내가 저질렀던 과거의 다른 상해가 일으킬 결과를 피할 것이야. 그것은 예전에 내가 다른 이에게 입혔던 상해의 무게를 상쇄하고도 남을 거야."

상대의 무기와 내 신체
둘 다 내 고통의 원인이네.
그는 무기를, 나는 내 몸을 만들었는데
내가 누구에게 분노해야 하리.

  - 《입보리행론》〈인욕품〉 43 -

몽둥이가 내 몸을 습격할 때, 몽둥이와 내 몸 둘이 충돌한다. 그는 몽둥이를 들고 그것을 무기로 사용했지만, 나는

---

34 역주: 이것은 자신이 입은 피해를 자업자득으로 간주해서 스스로 피해자 의식을 버리라는 의미로 보인다.

그런 고통에 민감한 몸을 만들어서 그 몸으로 그가 가는 길을 방해했다. 그는 그 몸을 자신에 대한 위협으로, 자신의 행복에 대한 장애물로 본다. 그래서 그 몸을 치우려고 나를 때리고 싶어 한다.

충돌하는 두 가지 중 하나는 내가 만들어 냈다. 내 몸은 내 망념이 만들었고, 그 망념은 내 몸을 곁에서만 보고 나머지 세계로부터의 견고성과 분리성을 날조했다. 그 망념이 내 분노도 만들어 냈는데, 그 분노는 내 몸의 추함과 적에 대한 명백한 위협을 만들어 냈다.[35] 그리고 망념은 내 욕망을, 원하는 사물을 삼키려고 위협하는 그 욕망을 만들어 냈다. 그러니 나는 내 분노의 방향을 고통의 더 깊은 원천인 내게로, 몽둥이를 처든 사람의 길을 방해한 내게로 돌려야 한다.

갈망에 눈멀어
고통 받기 쉬운 이 인간의 형상에 집착한다면
벌어진 상처와 같아서 닿기만 해도 아픈데

---

35 역주: 불교에서 말하는 탐진치貪瞋癡를 의미하는 것으로 보인다. 즉 치癡가 탐貪과 진瞋을 만들어 낸다는 말이다.

그 형상이 다칠 때 나는 누구를 미워해야 하리?

- 《입보리행론》〈인욕품〉 44 -

다시 말하지만 내 몸은 너무나 민감하고 약하고 부족한
것이 많으며, 다른 육체와는 너무나 다르다. 내 몸이야말로
내가 못마땅해야 하고 무엇인가를 해야만 하는 그런 것이
아닐까? 내가 이 몸에 대하여 무엇을 할 수 있을까? 나는
그것을 깨달음을 얻은 몸(enlightened body)으로 변화시킬
수 있다.

깨달음을 얻은 몸은 초월적인 지혜를 가진 사람, 즉 자아
와 타자 사이에 궁극적으로는 아무 차이가 없음을 경험을
통해서 아는 자의 몸이다. 그러나 깨달음을 얻은 그 몸은
깨닫지 못한 타자를 지각하면서 '상대적으로(relatively)' 다
른 존재에 대해서 상대적으로 책임지는 자의 몸이다. 깨달
음을 얻은 몸은 다른 이와의 결합에 대한 욕망으로부터 자
유롭다. 그 몸은 자아와 타자가 이미 결합되어 있음을 아는
자의 현현(顯現, manifestation)이기 때문이다. 깨달음을 얻은
몸은 타자에게 위협으로 비치지 않는다. 그 몸은 그들에게
아름답게 보이고, 어떠한 유해한 충동도 갖지 않은 것처럼

보이고, 해를 끼칠만한 능력도 없어 보이기 때문이다. 깨달음을 얻은 몸은 자신의 삶을 더 가볍게 대하고 더 유연하게 반응한다. 그래서 내면적으로 더없이 행복해서, 감각기관의 민감성 또한 더 예민하고 덜 완고하다. 그 몸은 고통을 인지할 때조차도 고뇌로부터 자유롭고 죽음에 대해서까지도 공포가 전혀 없다. 그 몸이 죽음을 단지 외면적 차원에서 그 현현이 변형되는 것으로 이해하기 때문이다.

물론 그러한 몸은 상상하기조차 어렵다. 하지만 그러한 몸을 상상하는 것, 깨달음을 얻지 못한 몸으로는 고통을 책임지기에 불충분하며, 그 몸이 무한히 향상할 수 있다는 것을 자각하면서 깨달음을 얻지 못한 몸을 지복의 몸으로 변화시키겠다는 진화적인 목표를 세우는 것은 유익하다.

어리석은 자들은 고통을 구하지 않으면서도
고통의 원인들을 갈구하네.
그리고는 자신들의 악덕으로 스스로 해를 입는데
왜 다른 이들을 원망하는가?

－《입보리행론》〈인욕품〉 45 －

어리석은 자들은 깨닫지 못한 자, 자기중심적인 자이다. 그들은 고통으로부터 도망쳐 행복을 향하려고 애쓰지만, 언제나 행복은 순간적인 것으로 드러날 뿐이다. 그들은 쾌락에 대한 욕망에 중독되어 쾌락을 갈망하며, 욕망이 집착하는 모든 것에서 계속해서 불만족을 겪는다는 사실을 부인한다. 그들은 욕망의 장애물을 제거하려고 분노에 의존하는 것에 중독되어 분노의 지시에 따르다가 자기 파멸로 내몰린다. 그들은 망념과 혼란에 중독되어, 오해 위에 이론을 쌓아올리고 부단히 소외감을 강화하며, 점점 더 혼란에 빠지고 더 광적으로 되고 그들 자신의 상식으로부터 멀어져 간다.

마치 지옥의 관리인처럼

그리고 날카로운 잎이 있는 숲의 관리인처럼

이 고통은 내 자신의 진화에 의해서 만들어진 것이니

내가 누구에게 분노해야 하겠는가?

- 《입보리행론》〈인욕품〉 46 -

생각과 말과 행동身口意의 무한한 결과들은 긍정적인 방

향으로 나아가서, 완전한 불성佛性에게로만이 아니라 최고의 천국과 거룩한 화신들로 향한다. 그 결과들이 부정적 방향으로 움직이면, 지옥, 아귀, 축생도에 있는 소외감과 스트레스, 고통이라는 극단적 상태로 향한다. 우리는 우리 자신을 악마들에게 고문당하는 지옥에서 찾아야 할까? 자신들로서는 자연스러운 일을 하고 있는 악마들에게 우리가 분노하는 것은 성가신 일이 아닐까? 탄다고 해서 불에게 분노하는가? 그 악마들은 단지 우리 자신이 전생에 했던 부정적인 행위가 만들어 낸 것일 뿐이다. 우리는 자신의 부정적인 진화적 행위에만 분노해야 한다.

내 진화적 행동에 몰려서
다른 이들이 나를 해치려 나타나네.
그로 인해 그들이 지옥에 떨어질 때
내가 그들의 몰락을 야기한 것이 아닐까?

– 《입보리행론》 〈인욕품〉 47 –

이에 더해서 이제 우리는 우리를 괴롭히는 악마들에 대해서도 책임질 수 있다. 그들은 우리가 과거에 그들을 해친 것에 대해서, 우리가 그들을 점점 더 사악하고 해로운 육화(肉化)와 해로운 환경 속에 몰아넣은 것에 대해서, 맹목적이고 무의식적 반응으로 우리를 해치고 있기 때문이다. 그래서 우리는 그들에게 분노해서는 안 될 뿐만 아니라, 과거에 그들에게 그토록 부정적인 영향을 주었다는 것에 대해서, 그래서 현재 그러한 상태에 처하게 한 것에 대해서 양심의 가책을 느껴야 한다.

여기서 우리는 적극적인 용서로서의 인내의 영역에 들어서기 시작한다. 우리는 참고 견디는 인내를 넘어서서, 비보복(nonretaliation)과 용서로서의 인내로 들어간다. 이로 인해서 고통에 대한 공포에서 최초로 자유로워진 것을 기쁘고 황홀하게 축하하게 된다. 이는 자비의 사원으로 향하는 입구이기도 하다.

그들에 의지하여 인내하면서
나는 내 많은 죄들을 정화하지 않는가?
하지만 그들은 내게 상해를 가할 때
지옥에서 오랫동안 고통을 받지 않는가?

-《입보리행론》〈인욕품〉 48 -

우리의 적들은 우리에게 짜증과 상처, 상해를 퍼붓지만, 그것들은 우리에게 견뎌냄, 자제, 용서를 닦을 기회가 된다. 그들이 우리를 더 나쁘게 대할수록 우리는 더 많은 이익을 얻는다. 그들로 하여금 우리를 학대하도록 허용하는 일은 그들을 해치는 일이다. 왜냐하면 그들은 우리로 하여금 그들을 해치기를 의도하고 있는데, 그런 의도와 가해의 결과는 그들에게 비참한 미래일 것이기 때문이다.

우리는 더 강한 보살이라는 구원자가 되고 마침내 붓다가 되지만, 그동안에 그들은 오래도록 지옥의 고문을 겪을 것이다. 그들은 고통을 사용해서 인내를 훈련한다는 생각조차 못하기 때문에, 고문을 겪는 데서 얻는 것은 아무 것도 없다.

나는 그들에게 상처를 주고
그들은 나를 이롭게 하는데
고집 세고 흉포한 마음이여,
너는 왜 그들에게 분노를 느끼는가?

- 《입보리행론》〈인욕품〉 49 -

지나치게 인내해서 상대방이 나를 해치도록 계속 허용하면 이는 상대방을 해치는 일인데, 어떻게 그를 해치지 않게 할지에 대한 대인관계 고찰로 나아갈 때는 아직 아니다. 이 지점에서 아직은 우리가 처한 상황을 더 깊게 고찰할 필요가 있다. 그리고 우리를 해침으로써 아주 효과적으로 자기 자신을 파괴하고 있는 이들 가련한 적에게 분노하는 것은 죽인 것을 거듭 죽이는 것임을 명심해서 우리의 인내를 더 강화할 필요가 있다.

> 나에게 탁월한 인내심이 있다면
> 나는 결코 어떤 지옥에도 떨어지지 않으리.
> 나는 이런 식으로 자신을 보호하지만
> 그들은 어떻게 될까?
>
> - 《입보리행론》〈인욕품〉 50 -

인내가 있다면 지옥에 가는 일은 불가능할 것이다. 인내하는 사람은 자유를 얻고 고통을 초월하기 위해서 이전의 모든 단계의 고통을 사용했을 것이기 때문이다. 인내는 중독과 고통의 맹공격에 대항하는 구극의 갑옷이다.

그러나 내가 그들에게 상해를 가해서 보복하면

그들을 보호하지 못하는 것이 되고

나 자신의 품행도 파괴될 것이며

내 모든 수련이 헛되게 될 것이네.

– 《입보리행론》〈인욕품〉 51 –

이 가련한 적들을 돕기 위해서 그들에게 상해로써 되갚아주어서 인내를 닦을 기회를 주어야 한다는 생각이 우리에게 생길지도 모른다. 이러한 합리화는 유혹적이다. 그 합리화가 정의로운 보복에 대한 우리의 오래된 습관적 욕망을 배출할 수 있도록 지지해 주기 때문이다.

그러나 우리는 가해하고 고통을 주는 것이 평범한 사람들을 분노하게 할 뿐이라는 것을 재빨리 깨달아야 한다. 그리고 그 분노는 그 사람들로 하여금 온갖 종류의 더 나쁜 일들을 저지르게 만들고, 그래서 진화적으로 퇴행하는 힘만 더 키우게 한다. 일단 그들을 해치기 시작하면서 분노에 대한 제어력을 도중에 상실하게 되면, 우리는 수련했던 것들도 상실해 버리고, 인내 안에서의 진보를 통해서 초월로 상승해 가던 것에서도 추락하게 된다.

내 마음은 그 자체로 육화된 것이 아니네.

그 누구도, 아무리 해도 정복할 수 없네.

그러나 마음이 신체에 대해 깊이 집착한다면

신체적 고통으로 마음은 해를 입으리라.

-《입보리행론》〈인욕품〉52-

　이것은 깜짝 놀랄만한 주장이다. 샨티데바는 불교 탄트라 수행자들이 극히 미묘한 마음(the subtle mind)이라 부르는 것, 즉 미묘한 에너지로 만들어진 가상의 화신(virtual embodiment)을 수반하는 마음을 언급한 것으로 보인다. 이 미묘한 마음은 아주 민감하게 고통을 겪는 거친 몸(the gross body)으로 환원될 수는 없다는 의미에서 "육화된 것이 아니다."

　당신은 상해와 분노를 다스리며 인내를 기르면서, 여기서 다음과 같은 사실을 떠올릴 것이다. 즉 거친 몸 안의 당신에게, 그리고 당신의 인격에게 아주 많은 상해가 일어난다. 바로 그 인격은 그 거친 몸을 당신으로 간주하고, 육식六識에 묶인 당신의 거친 마음도 당신으로 간주한다.

진화라는 것은[36] 당신의 몸을 인질로 삼아서 당신의 마음을 붙들고, 당신의 몸을 고문함으로써 당신의 마음에 도달해서 당신의 마음을 분노케 하고, 다시 그 마음을 분노의 중독에 빠뜨리는 과정이다.

이러한 비육화의(disembodied) 마음은 밀교적으로 말하자면 생에서 생으로 이어지는 무아無我의 연속체이고, 불교의 관계주의자 관점에서는 "상대적 영혼(relative soul)"으로 불릴 수 있다. 샨티데바가 "육화되지 않음(not embodied)"이라는 말로 마음이 몸과 절대적으로 다른 것임을 뜻한 것은 아니다. 실제로 마음은 거친 살과 뼈로 육화된 것이든 미묘한 에너지의 육화든 언제나 육화되어 있다. 단지 샨티데바는 마음이 이 하나의 거친 몸과 분리될 수 없는 것은 아니지만, 진화론적 진보나 진화론적 퇴행의 과정에서 이 몸에서 저 몸으로 바뀌가며 이어진다고 말하고 있을 뿐이다.

죽음과 고통도 거부하는 가장 깊은 수준의 인내, 그리고 분노에 대한 내성, 이 둘을 기르기 위해서, 우리는 자신의

---

36 역주: 여기서의 진화는 아래에서 말하는 대로 진화론적 퇴행을 의미한다.

거친 몸과 자신을 탈동일시하는(dis-identify) 능력이 있음을 어떤 식으로든 스스로 상기할 필요가 있다.

그런 후에 우리는 말과 마음의 차원에서 자신의 더욱 미묘한 정체성을 살펴보게 된다.

> 그러나 모욕과
> 거친 말과 악평으로
> 신체를 해칠 수는 없는데
> 마음이여, 너는 왜 그리 분노하는가?
>
> -《입보리행론》〈인욕품〉53 -

우리가 말의 차원에서 상처를 받았을 때, 그 고통은 물리적인 것이 아니다. 하지만 그것은 분노의 강력한 원인이 될 수 있다. 우리는 종종 강하게 공격받고 모욕, 비방, 욕설 등에 크게 분개하게 된다. 그러나 말은 메아리와 같아서 진짜 고통을 가하는 것이 아니고, 우리를 도발하도록 허용할 때를 제외하고는 그것이 몸을 건드리는 것도 아니다.

"다른 사람들이 나를 싫어할 것이기 때문이야!"

그러나 그것이 금생에서든 내생에서든

나를 삼키지는 못할 것이다.

그러니 왜 내가 그것을 싫어해야 하는가?

- 《입보리행론》〈인욕품〉 54 -

우리는 다른 사람이 우리를 나쁘게 생각하는 것을 원치 않는다. 그렇지 않은가? 그러면 다른 이의 모욕이나 험담에 분노하지 말라. 만약 우리가 자신을 도발하는 시도를 웃어넘기고 무시하면, 사람들은 우리를 싫어하지 않고 좋아할 것이다.

"왜냐하면 그것이 내 세속적 이익을 막을 것이야!"

그것이 좋든 싫든

나는 내 이익을 여기 남겨두고 떠날 것이네.

내 죄는 계속 짊어지고 갈 것이지만.

- 《입보리행론》〈인욕품〉 55 -

우리는 자신에 대한 험담을 무시하면, 명성도 잃고 그에 따라서 수입도 잃게 되어서 고통을 당할 것이라고 생각하

는 것 같다. 그렇다고 해도 여전히 이것이 분노의 원인일
수는 없다. 우리는 돈을 위해서 살아서는 안 되기 때문이
다. 게다가 분노한다고 해서 수입이 만회되는 것도 아니고
분노는 종종 상황만 더 악화시킨다. 우리는 냉정한 상태를
유지하고 전략적으로 추론해서 명성과 생계를 보호하는
더 좋은 방법을 생각할 수 있다.

악행으로 오래 사는 것보다
지금 당장 죽는 게 나으리.
비록 내가 꽤 오랫동안 산다 해도
진실은 죽음의 고통 속에서 드러나네.

－《입보리행론》〈인욕품〉 56 －

우리가 세속주의자이거나, 혹은 세속주의에 강하게 물든
실재관을 가진, 형식적으로만 종교적인 사람이라고 해도,
이만큼 나아간 것도 우리가 가고 싶은 곳을 넘어서는 것으
로 보인다. 만약 우리에게 금생밖에 없다고 한다면, 그래서
인과의 고리가 죽음의 순간 툭 끊어진다고 생각하면, 금생
의 삶을 넘어서 나타날 우리의 신구의身口意가 가져올 결

과에 대해서 책임감을 느끼며 살기는 힘들다. 우리는 자신을 전체 그림에서 제외하고 후손들, 아이들, 손자들, 지구, 모든 존재들에게 미칠 영향을 때때로 생각해 볼 수는 있다. 하지만 미래에 있을 그런 희미한 결과를 위해서 현재를 크게 희생하기는 어렵다. 우리에게 깊이 각인되어 있는 정신적·감정적 습관과 분노의 본능조차 정복하려고 내면으로 충분히 깊이 들어가기 위해서는, 자아를 하나의 생명 연속체(a life continuum)와 동일시할 필요가 있다.

그런데 이 생명 연속체는 금생의 몸과 분리될 수 있는 미묘한 에너지 자아를 포함한다. (이 동일시는 우리의 유전자와 동일시하는 것과 유사하지만, 보다 더 인격적인 것이다.) 그리하여 현재의 신구의가 일정한 역할을 담당하고 있는 진화의 인과적 연쇄(the evolutionary causal chain)[37]가, 현재의 거친 심신 결합체로부터 우리가 분리된 이후에도 계속해서 우리를 상속해갈 것이라고 우리는 느낄 필요가 있다. 예를 들면, 분노를 궁극적으로 정복하기 위해서는 분노에 휩쓸리기 전에 기꺼이 죽어 버리는 것이 필요할지 모른다. 이런

---

37 일역에는 "輪回の鎖"로 번역되어 있다. 156쪽.

생각으로써 샨티데바는 우리를 그 방향으로 이끈다.

당신은 백 년 동안 행복한 꿈을 꾸고는

깨어나네.

당신은 한 순간의 행복한 꿈을 꾸고는

깨어나네.

- 《입보리행론》〈인욕품〉 57 -

두 사람 모두 깨어나면

행복은 다시 돌아오지 않네.

이처럼 인생이 길든 짧든

모두 똑같이 죽음으로 끝나네.

- 《입보리행론》〈인욕품〉 58 -

내가 큰 재산을 얻고

오랫동안 행복을 누려도

죽을 때는 마치 도둑맞은 것처럼

나는 빈털터리가 되네.

- 《입보리행론》〈인욕품〉 59 -

당신은 왜 금생의 삶에서 목전의 이익을 위해서 나쁘게 생각하고 말하고 행동하는가? 그래서 미래에 오랫동안 당신을 비참하게 만들고 행복을 망치는가? 당신은 지금 여기에서 아주 오랫동안 살아갈 것이니 현재의 목표가 지극히 중요하다고 여길 수도 있다. 하지만 그러한 목표는 중요한 의미에서 꿈속의 목표와도 같다.

당신은 언제 죽을지도 모르고 – 언젠가는 죽을 것이다 – 당신이 얻은 이익과 명성과 쾌락을 모두 순식간에 잃을 것이다. 그러나 당신은 자신의 생각, 말, 행동을 통해서 형성해 온 습관의 패턴과 본능의 패턴에 따라서 구조화된 존재로서 삶을 지속할 것이다. 물론 그 구조화는 무한한 과거로부터 상속된 것이지만, 금생에서 당신이 행한 진화적 행동의 영향을 상당히 받는다.

이것이 당신에게 상식이 될 때, 당신은 자신의 신구의 삼업三業을 가능한 한 의식적으로, 적극적으로 아름답게 양성해야겠다는 강한 동기를 갖게 될 것이다. 당신은 아름답고 강한 몸을 만들기 위해서 따뜻하게 목욕하면서 온종일을 보내기보다는 밖에 나가 땀 흘리며 훈련하는 사람처럼 금생을 살 것이다. 물론 그런 다음에는 뜨거운 물로 기분 좋게 샤워할 것이다. 그러니 그것은 일체의 만족을 전면적으로 미룬 것은 아니다. 단지 목전의 결과만 목표로 할 때보다는 방향 정립이 더 복잡해졌을 뿐이다.

당신이 분노와의 싸움에서 승리를 추구할 때, 금생의 삶이 끝나는 죽음을 넘어서는 곳까지 당신의 지평을 확장하여 당신의 방향 정립을 복잡하게 하는 것은 아주 중요하다. 그렇지 않으면 당신은 허무한 세속주의나 절대적 유일신론을 변함없이 계속 확신할 것이다. 그래서 당신은 의식적 존재의 완전한 절멸을 기대하든가, 혹은 종교적 신앙에 따라서 절대신이 하사하는 근본적으로 불연속적이며 고정된 천상의 의식을 확고하게 기대할 것이다.

이런 기대는 당신의 연쇄적인 행위와는 무관하다. 이런 경우에는 타인들, 후손들, 공동체에 미칠 당신의 영향에 대해서 충분히 관심을 기울여야 한다. 그러면 당신은 지금 여기의 삶을 살 수 있게 되어서, 금생에서 자신의 관심을 넘어서서, 당장의 목표에 대한 당신의 우려보다는 분노를 억제하는 당신의 에너지가 더 강해질 것이다.

"만약 내가 살아서 운이 좋다면,

나는 죄를 소멸하고 공덕을 쌓을 수 있으리라."

그러나 그 행운을 얻기 위해 분노를 사용하면

나는 공덕을 다 써버리고 죄를 짓는 것 아니겠는가?

- 《입보리행론》 〈인욕품〉 60 -

나는 공덕을 위해 살고 있는데

바로 그 공덕을 파괴하고 있다면,

사는 것은 무슨 소용이 있으리?

내가 하는 모든 것이 내 죄를 더 쌓을 때.

- 《입보리행론》 〈인욕품〉 61 -

　당신은 아마도 이렇게 생각할지 모른다. "글쎄, 나는 지금 이 적을 파괴하는 데 분노를 사용할 수 있고, 그렇게 해서 내 삶을 연장하고 풍요롭게 할 수 있어. 그러면 그 삶과 여유를 이용해서 인내와 같은 덕을 기를 수 있어." 그러나 그렇게 되었을 때 더 길고 풍요로워진 삶은 이미 분노의 노예가 되어 버린 상태일 것이고, 인내의 훈련으로도 그 삶은 쉽게 회복될 수 없을 것이다.

"사람들이 나를 비난할 때 나는 분노해야만 해.

그렇게 해서 그들은 다른 이들의 신뢰를 무너뜨리니까."

그러면 왜 당신은 역시 분노하지 않는가?

그들이 다른 이들을 비난할 때.

-《입보리행론》〈인욕품〉62 -

"나는 그런 적개심을 인내하며 참을 수 있어.

그것은 다른 사람을 겨냥한 것이기 때문에!"

그러면 왜 당신은 자신에 대한 비난은 견디지 못하는가?

그것은 오직 내 중독의 습관만을 겨냥할 뿐인데.

-《입보리행론》〈인욕품〉63 -

비난이 다른 사람에게로 향해졌을 때, 당신은 거기에 대해서 전혀 개의치 않는다. 이렇게 자신을 비난의 대상에서 분리시킬 수 있을 때 당신은 비난에 걱정하지 않는다. 그러나 당신이 비난받을 때, 언제나 그것은 당신이 탐욕스럽고 분노하고 거만하고 인색하고 편견이 있거나 미혹되어 있었기 때문이다. 실제 비난받고 있는 것은 이런 근본적인 정신적 중독들이다. 당신이 화가 난다면, 그것은 스스로 혼란에 빠져 그러한 중독들과 자신을 동일시하기 때문이다.

　사람들이 성상聖像과 신성한 기념비나 불경을

　훼손하고 파괴한다 해도

　내 분노는 부적절할 것이네.

　제불은 상처받지 않기 때문에.

　　　　　　　　　　　– 《입보리행론》〈인욕품〉 64 –

　사람이 신성모독을 하고 신성한 물건을 파괴할지라도, 우리는 종교 절대주의에 관여해서 분노하거나 복수심에 불타서는 안 된다. 깨달은 존재들은 인간이 만든 성상이 아니다. 깨달은 존재들은 물질적인 이미지나 책, 유적지가 손상되더라도 관심이 없다.

　그들이 그런 일에 분노하지 않는데 당신은 왜 분노해야 하는가? 바미얀(Bamiyan)의 절벽에 조각된 위대한 불상들을 탈레반(Taliban)이 파괴했을 때, 분개하는 불교도들에 동조할 수 없었던 나를 보고 저널리스트들은 놀라워했다.[38]

38　역주: 바미얀 석불은 약 1500년 전에 제작된 것으로 추정되는 높이 53m와 37m의 두 개의 초대형 불상이다. 2001년 탈레반은

물론 불교도들은 붓다와 같이 긍정적인 어떤 존재의 표현물을 파괴하는 것은 부정적인 진화적 행동이라고 믿는다. 파괴한 사람에게 해롭고, 그런 행동으로 인해서 그들은 언젠가 자유롭게 되거나 깨달을 수 있는 자신의 잠재력으로부터 스스로 더 소외될 것이다. 그러니 그들은 이미 자신들의 파괴적 행동을 통해서 스스로를 충분히 해치고 있다. 거기에 더해서 그들에게 분노하는 것은 불필요하다.

스승, 친척, 친구에게 해를 입히는 사람들을 향한
분노를 그쳐야 하네.
위의 예들에서 본 것처럼
그것들은 기계적인 조건들에서 오는 것일 뿐이니.

— 《입보리행론》〈인욕품〉 65 —

중생에게 상처를 주는 것은
유정有情과 비유정非有情 둘 다인데,
왜 내가 유정有情에 대해서만 분노해야 하는가?

다이너마이트를 사용해서 이 석불들을 파괴했다.

차라리 나는 모든 상해를 인내하며 참으리.

-《입보리행론》〈인욕품〉 66 -

이 두 가지 경우에서, 당신은 위에서 양성된 상대성에 대한 통찰에서 오는 인내를 활용한다.

어떤 사람은 망념으로 인해 상해를 가하고
어떤 사람은 망념으로 인해 분노한다면,
누구를 비난해야 하고
누구를 허물이 없다고 해야 할까?

-《입보리행론》〈인욕품〉 67 -

두 가지 경우 모두 비난받아야 할 것은 망념임이 분명하다. 가해자와, 참지 못하고 분노하는 당신 자신은 모두 사물의 실재성에 대해서 망념에 빠졌고, 분노의 진화적 해로움이 실제 상처를 내는 것만큼이나 크다는 것을 깨닫지 못하고 있다.

나는 예전에 왜 그러한 악행을 범했던가?

이제 그로 인해 다른 이들이 나를 해치는데.

모든 것은 내 과거의 행동에서 오는데

왜 내가 적들에게 분노해야 하는가?

- 《입보리행론》〈인욕품〉 68 -

당신은 아무 죄가 없는데, 적이 부당하게 공격하는 것이라고 생각한다. 그래서 당신의 망념에서 온 분노는 그의 망념에서 온 상해만큼 나쁘지는 않다. 그러나 당신에게 그가 상처를 주려고 하는 더 깊은 원인은, 여러 전생에서 그에게 가했던 당신의 해로운 행위와 분노다.

이러한 통찰이 우리가 활동하는 장場의 균형을 잡는다. 무시無始의 악순환을 끝내는 유일한 방법은 분노를 피하고 인내심을 발휘하는 것이다. 여기서 우리가 그 한 순간 그리고 그 순간의 반응이나 무반응을, 윤회 전생하는 삶의 상대성이라는 무한한 맥락(the infinite context of continuous relativity of life)과 연결하면, 그 순간은 무한한 중요성을 갖는다.

나는 이것을 이해하여

마음 챙기며 공덕을 쌓아야 하네.

온갖 방법을 사용해서 모두가

서로 자비심 있는 태도를 갖도록 해야 하네.

-《입보리행론》〈인욕품〉 69 -

정념正念의 기초가 마련되면, 당신은 능동적 자비와 사랑이라는 긍정적인 방향으로 더 나갈 수 있다. 다시 말하자면, 당신이 인과의 다생多生 연속체를 상기하면, 당면의 사안에 충분한 인내력을 사용할 수 있을 것이다.

사형선고를 받은 사람이 단지 손만 잘리고 풀려나면

행운이 아니겠는가?

내가 지옥의 고통을 겪는 대신

인간계의 불행을 겪는다면 왜 행운이 아니겠는가?

-《입보리행론》〈인욕품〉 72 -

지금 여기의 사소한 고통을

참기 어렵다면

지옥의 고통의 원인인

분노는 왜 억제하지 않는가?

-《입보리행론》〈인욕품〉 73 -

욕망을 만족시키기 위해

나는 이미 수천 번 지옥에서 불태워졌네.

그런 퇴행적 진화로는 나 자신이나 남을 위해

어떤 이익도 가져올 수 없었네.

-《입보리행론》〈인욕품〉 74 -

그러나 이제 거대한 목적이 성취되었으니,

지옥에 비하면 아주 작은 상해를 견딘 것에 의해서네.

나는 정말 열광적으로 기뻐해야 하네.

모두를 위해 상해를 제거하는 고통에 대해!

-《입보리행론》〈인욕품〉 75 -

　여기서 우리는 마조히즘 같은 것에 이르러, 일체의 고통을 희생이나 속죄로서 온전히 경험하면서 열락에 빠지게 된다. (이는 예수 그리스도의 수난受難이 일련의 잔혹행위로 표현되어서 완전히 오해되는 것과 같다. 예수는 초월적인 분으로서 그

분은 수난 속에서 자기 자신을 그의 살로 된 몸과 전면적으로는 일치시키지 않는다. 그는 로마인들이 그에게 가한 학대를 황홀한 고통ecstatic pain으로 경험한다. 그는 그 고통을 통해서 모든 존재의 온갖 고통을 스스로 떠맡으며, 자기희생을 통해서 인간들의 모든 죄를 속죄하겠다고 맹세한다.)

탁월한 나의 라이벌을 다른 사람들이

즐거이 칭찬한다면,

오 내 마음이여,

너는 왜 행복해하며 역시 그 자를 칭찬하지 않는가?

– 《입보리행론》〈인욕품〉 76 –

기쁘게 남을 축하해 주는 것은

금지되지 않고 강력히 권해진다.

지복至福의 주님들에 의해

최고의 사회적 덕 가운데 하나라고 널리 가르쳐졌다.

– 《입보리행론》〈인욕품〉 77 –

기뻐하면서 남을 축하해 주는 것은 질투(envy)에 대한 최고의 해독제다. 내가 아는 재미있는 라마승 한 분은 기뻐하면서 축하해 주는 것이 게으른 사람이 공덕을 쌓아 불성佛性을 향해 나아가는 방법이라고 말한 적이 있다. 수행자들은 큰 노력으로 큰 수행을 해서야 공덕을 쌓는다. 그런데 당신은 그들의 성취와 공덕에 대해서 질투만 하지 않아도 공덕을 쌓는다. 말하자면 무임승차다. (같은 이치로 당신은 누군가의 잘못된 행동에 대해서 당신의 마음이 사악한 만족에 심술궂게 빠지지 않도록 해야 한다. 그러면 그의 죄나 진화적인 부덕不德을 당신도 공유하게 되기 때문이다!)

> 내 자신의 탁월함이 칭찬받을 때
> 나는 남들도 기뻐해 주기를 바라네.
> 그러나 남들의 탁월함이 칭찬받을 때
> 나는 기뻐하지 않는다네.
>
> - 《입보리행론》〈인욕품〉 79 -

당신의 라이벌이 칭찬받을 때 질투한다면 당신은 두 번 지는 것이다. 당신은 칭찬이나 성공을 얻지 못할 뿐만 아니라, 그에 더해 당신의 불만은 당신을 더 불행하게 만든다.

일체 유정의 행복을 바라고서

나는 보리심을 품었는데,

내가 왜 지금 분노하는가?

그들 스스로 행복을 찾았는데.

–《입보리행론》〈인욕품〉 80 –

당신의 라이벌은 당신이 고통으로부터 자유롭게 해 주겠다고 맹세한 "일체 유정" 안에 있다. 여기서 당신이 보태준 것도 없는데, 그들이 약간의 성공으로 상대적 행복을 좀 얻었고, 당신은 불행해한다고 하자. 그렇다면 당신의 서약은 무슨 의미가 있었던가?

내가 다른 사람들이 좋은 것을 얻는 것을 꺼려한다면,

내 보리심은 어디에 있는가?

다른 이의 행운에 분노한다면,

어떻게 내가 보리심을 가질 수 있겠는가?

–《입보리행론》〈인욕품〉 83 –

칭찬 같은 것들은 마음을 산란시킬 뿐

그것들은 윤회에 대한 염환厭患을 막는다.

칭찬 등은 탁월한 자와의 경쟁을 일으키고

진정한 성공의 기회를 막네.

-《입보리행론》〈인욕품〉 98 -

 칭찬과 명성은 중독성이 있어서 삶에서 참으로 유의미한
것을 추구하지 못하게 한다. 칭찬과 명성은 이익처럼 보이
지만, 그것들은 삶의 진정한 목표, 즉 완전한 불성佛性을 향
한 진화적 발전으로부터 우리의 주의를 산란시킨다.

 그러니 내 평판 등을 떨어뜨리려는

목표를 가진 자들,

그들은 내가 저열한 악취惡趣로 추락하지 않도록

깊이 관여하고 있는 것이 아닌가?

-《입보리행론》〈인욕품〉 99 -

 우리를 중상中傷하려 하고, 우리에 대해서 거짓말하고 우
리의 부정적인 성질을 과장함으로써 평판을 훼손하려는
사람들은, 실제로는 우리가 마음의 산란을 피하고, 인생의

주요 목표를 고수하도록 돕고 있다.

해탈의 성취에 헌신하면서

나는 이익과 지위라는 속박이 필요 없네.

누군가 속박에서 나를 해방시킬 때

어떻게 내가 그에 대해 진에瞋恚를 가질 수 있을까?

-《입보리행론》〈인욕품〉100 -

그래서 우리는 다른 사람들이 우리에게서 등지도록 부추겨서 우리를 말로 해치려고 애쓰는 자들에게 기뻐하며 감사해야 한다.

내가 고통 받기를 원하는 자들은

나를 축복하는 제불諸佛과 같으니

그들은 내가 모든 위험을 넘어서서 향상되도록 하네.

왜 내가 그들에 대해 진에瞋恚를 가져야 할까?

-《입보리행론》〈인욕품〉101 -

여기서 우리는 지고의 인내를 만난다. "저들은 저들이 하는 짓이 무엇인지를 모르니 용서하라"를 넘어서서, "나를 최고의 행복에 이르도록 한 그들에게 감사하라"고 한다. 그들 자신은 남에게 해를 입힘으로써 업(karma)의 비용을 크게 치러 부정적인 진화를 이루게 될 것이지만 말이다.

"그가 내 공덕을 방해했다!"
그렇다고 해서 그에게 분노하는 것은 옳지 않네.
인내만큼 좋은 훈련이 없는데
인내심 안에 머물도록 그가 나를 돕지 않는가?

－《입보리행론》〈인욕품〉 102 －

내 자신의 단점 때문에
내가 그를 계속 견디지 못한다면,
나는 공덕을 쌓을 기회를
결국 내 스스로 막는 것이네.

－《입보리행론》〈인욕품〉 103 －

이것 없이 저것이 일어나지 않는다면
그리고 이것이 있을 때 저것이 일어난다면

이것은 저것의 원인인데

어떻게 이것이 저것의 방해물이 되겠는가?

-《입보리행론》〈인욕품〉 104 -

내가 보시할 때 그 수혜자는

내 시여施輿를 방해하지 않을 것이네.

수행의 수료修了를 주는 사람들은

수행의 수료를 방해하지 않네.

-《입보리행론》〈인욕품〉 105 -

이 세상에 탁발의 행자는 수없이 많으나

해를 입히는 자는 소수다.

내가 그들에게 해를 입히지 않으면

중생은 대개 나를 해치지 않네.

-《입보리행론》〈인욕품〉 106 -

그러므로 나는 내 원수에 대해 즐거워해야 하네.

그는 내 보리행의 보조자이므로

집에서 발견된 보물과도 같아

밖에 나가 그것을 찾을 필요가 없네.

-《입보리행론》〈인욕품〉107 -

 내가 아는 라마승 중 가장 재미있고 창의적이었던 고故
타라 툴쿠(Tara Tulku) 라마가 내게 정말로 충격을 주었던
적이 있다. 그때 나는 이미 수년 동안 불교를 수행하는 중
이었고, 스스로 약간은 향상되고 있다고 생각하고 있었다.
그런데 그는 내가 정말로 여기서 하고 있는 것이 무엇인지
를 알고 있다면, 초인종을 누르고 천만 달러 수표를 주는
텔레비전 상금 쇼의 진행자를 내가 맞이하는 것보다, 아침
식사를 하러 내려갔다가 나의 불구대천의 원수를 만나는
것을 더 행복해할 것이라고 말했다.

 나는 내가 이런 경지에서 아직도 한참, 아주 한참 멀었다
는 것을 인정해야만 했다. 지금까지도 그렇게까지 하는 것
은 불가능하게 여겨진다. 무슨 핑계를 대더라도 위에서 인
용한 구절에서와 같은 정도까지 내가 정말로 이르지는 못
할 것 같다. 물론 아마도 나는 천만 달러의 재산을 사용해
서 후하게 베풀고 가르침을 펼치는 데 사용할 수도 있을 것
이고, 내 불구대천의 원수가 적의를 품는 습관을 극복하는

데 내가 거칠게라도 도움을 준다면, 그도 행복해질 것이다. 여기서 중요한 점은 내가 그 원수를 소중히 여기고 상해를 이용해서 초월적인 인내를 기를 수 있어야 한다는 것이다. 왜냐하면 아마도 내게는 인내할 기회, 즉 상해를 가하는 원수들보다는 내 선물을 받는 사람들이 더 많이 있을 것이기 때문이다.

> 나는 원수와 함께 인내를 수련할 수 있네.
> 그래서 그는 그를 인내한 결과인
> 내 첫 번째 공물을 받을 만하네.
> 원수야말로 인내의 원인이기 때문에.
>
> – 《입보리행론》〈인욕품〉 108 –

달라이 라마가 티베트와 티베트 지도자, 티베트 국민들 최대의 적인 마오쩌둥에 대해서 수십 년간 명상한 것이 이러한 것을 보여주는 완벽한 사례이다. 아시아 협회(Asia Society)에서[39] 한 번은 달라이 라마에게 세계에서 가장 존

---

39 역주: 아시아 협회(Asia Society)는 아시아에 대한 이해를 증진시키기 위해 1956년 설립된 미국의 비영리 재단이다.

경하는 사람이 누구냐고 물어봤다. 그러자 달라이 라마는 비폭력의 사도인 간디뿐만 아니라, 폭력의 사도인 마오쩌둥, 티베트의 자유와 사찰 등 불교 기관들, 그 환경과 백만 명이 넘는 티베트인들을 파멸시킨 마오쩌둥이라고 했다.

이런 존경은 너무 지나친 것일까? 이것은 적에게 감사하는 달라이 라마의 명상으로부터 흘러나온 것일까? 이것은 단지 해악으로부터 달라이 라마 자신의 인내 수양을 이끌어내는 데만 초점을 맞춘, 이기성의 흔적을 보여주는 것에 불과할까? 마오쩌둥을 그 자신이 끼친 해악의 부정적 영향으로부터 구원해 준다거나 해악의 부정적 영향에서 티베트인들을 구해 낼 필요에서라기보다는 말이다.

> "그러나 그 적은 이런 존경을 받을 가치가 없어.
> 그는 내가 인내를 수련하기를 바란 것이 아니니."
> 그러면 왜 정법(正法, Holy Dharma)을 존경해야 하는가?
> 그것도 역시 수련을 위한 하나의 원인일 뿐인데.
>
> ─《입보리행론》〈인욕품〉109 ─

용서의 방해물은 이처럼 뿌리가 깊다. 우리는 적의 악한 의도에 주목하면서, 적이 우리를 해치기 바라며 우리에게 상해를 가하는 사악한 행위자라고 생각한다. 그런데 왜 우리가 그를 용서해야 하고, 초월적 인내에 초월적 사랑까지 더해서 그에게 감사해야 하는가? 우리의 분노한 마음은 말한다! "그는 단지 사악한 적이니 그를 파괴해야 한다"고.

그러나 우리는 자신에게 대답한다. "우리는 불법佛法, 즉 다르마가 비인격적인 것이어서 우리를 도우려는 의도를 갖지 않는다고 해도, 그 불법에 감사하고 그것을 사랑한다. 적은 최고로 희유稀有하고 중요한 초월의 덕을 닦을 기회일 뿐이다"라고.

> "그러나 이 적은 존경할 만하지 않다.
> 그는 내게 가해의 의도가 있으니!"
> 그러나 어떻게 내가 인내를 수련할 수 있었겠는가?
> 모든 사람이 내 의사醫師처럼 나를 도우려고만 했다면.
>
> ─《입보리행론》〈인욕품〉 110 ─

> 그래서 인내가 길러지는 것은
> 가슴에 증오를 지닌 자들에 의존해서다.

증오를 지닌 자들은 정법正法처럼 존경받을 만하네.

둘 다 인내의 원인이므로.

-《입보리행론》〈인욕품〉111 -

여기에 진정한 붓다의 마음, 평등성의 지혜 - 증오로 가득한 마음과 정법을 평등하게 보는 지혜 - 가 있다! 여기에 관용이 없는 자를 인내하는 관용이 있다. 여기에 증오에 답하는 사랑, 악에 답하는 선善이 있다. 이것은 과거에 있었던 모든 위대한 영적 인물들과 신들의 영역이다.

다음의 구절들은 붓다, 예수 그리스도, 모세, 마호메트, 맹자, 노자, 역사상의 모든 영적 전통에서의 성자들과 숙련자를 칭송하는 구절, 그리고 이름 없는 어머니들, 아내들, 모든 사회에서 일하는 여성들을 칭송하는 구절이다. 이 여성들은 수많은 학대와 상처를 참아내면서도 여전히 줄기차게 평화와 조화를 만들어 내고, 남성들의 모든 어리석음과 폭력이 가져다준 비참한 상황에서 살아왔음에도 불구하고 기쁨에로의 문을 열어 왔다.

그러므로 석가모니 붓다는

중생의 세계를 불국토라고 했네.

이 중생을 만족시킨 자들은

그로 인해 초월을 얻었네.

-《입보리행론》〈인욕품〉 112 -

"불국토(buddhaverse)"는 깨달은 자들이 경험하는 가장 심오한 실재의 우주이다. 이 우주는 더 이상 자기중심적 존재를 중심으로 돌아가는 우주도 아니고, 그들의 고립된 자아를 절대적이고 전능하며 영향을 받지 않는 신神으로 투사한 세계도 아니다. "정토淨土"이자 깨달음의 만다라(mandala)인 이 불국토는 신들, 악마들, 지옥의 존재, 동물, 유령 등을 포함하는 모든 중생이 상호작용하는 마음의 장(場, mindfield)에 다름 아니다.

보살은 이들 존재에 봉사하고 이들을 행복하게 함으로써 붓다의 장(buddhafield)을 창조한다. 그래서 보살이 가해에 반응하지 않고, 가해자를 인내와 사랑과 수용과 용서로, 심지어 감사의 마음으로 껴안을 때, 증오와 가해의 무한한 악순환은 끝나고, 인내의 아름다운 불국토가 만들어진다.

중생과 제불이 비슷하니

둘 다 붓다의 성품을 얻게 해 주네.

내가 제불을 흠모欽慕하듯이

중생을 흠모하지 않을 길이 없네.

-《입보리행론》〈인욕품〉 113 -

더욱이 제불은 중생의 진정한 친구,

무량 공덕을 성취한 자인데,

그러한 친절에 보답하는 것에

중생을 사랑하고 만족시키는 것 말고 다른 방법이 있겠

는가?

-《입보리행론》〈인욕품〉 119 -

제불은 자신의 몸을 내어주고 중생을 위해 지옥에라도

가네.

제불에 대한 보은報恩은 중생을 돕는 것을 뜻하네.

그래서 중생이 큰 피해를 입힌다 해도

나는 가장 풍요로운 선善으로 모두를 대하리.

-《입보리행론》〈인욕품〉 120 -

지극히 작은 자 안에서도 나를 보는 이가 진정으로 나를 보는 것이라고 예수가 말했을 때, 그도 붓다에 동참한 것이 아니겠는가?[40]

중생이 행복할 때 제불도 기뻐하네.
중생이 해를 입을 때 제불도 해를 입네.
중생을 사랑해서 제불을 즐겁게 하리라.
그들을 해치면 제불도 해치는 것이리니.
− 《입보리행론》〈인욕품〉 122 −

몸이 불길로 타오를 때
감각들이 어떠한 기쁨도 찾을 수 없는 것처럼,
중생이 해를 입을 때
자비존자(the Compassionate)를 즐겁게 할 방법이 없네.
− 《입보리행론》〈인욕품〉 123 −

---

40 마태복음 25장 40절에서 예수 그리스도는 "내가 진실로 너희에게 이르노니 너희가 여기 내 형제 중에 지극히 작은 자 하나에게 한 것이 곧 내게 한 것이니라"라고 한다.

나는 이들 중생에게 해를 입혀

자비존자를 불쾌하게 했었네.

나는 이제 후회하고 이 죄들을 고백하니

그러한 불쾌한 일들에 대해 자비존자의 용서를 구하네.

《입보리행론》〈인욕품〉 124 -

여래를 기쁘게 하기 위해,

나는 지금부터 자신을 제어하고 세계에 봉사할 것이네.

많은 중생이 나를 발로 차고 머리를 짓밟고 죽이게 하세.

세계의 구원자들은 내가 보복하지 않음을 기뻐하시기

를!

《입보리행론》〈인욕품〉 125 -

왜 나는 일체의 선善이 중생을

기쁘게 하는 것에서 온다는 것을 모르는가?

내가 미래에 불성佛性을 얻는 것뿐만 아니라

금생에서의 모든 영광과 명성, 행복조차도.

《입보리행론》〈인욕품〉 133 -

평범한 윤회계에서도

인내는 아름다움과 건강, 명성을 주네.

그리고 오래도록 장수하게 하고

전륜성왕轉輪聖王의 기쁨을 누리게 하네.

-《입보리행론》〈인욕품〉 134 -

10장 분노에 항복하기 - 궁극적 차원

우선 분노에 항복한다(resigning to anger)는 것이 결코 분노에 다시 굴복한다(giving way to anger)는 것을 의미하지는 않음을 이번에 분명히 하고 싶다.[41] 그보다 이것은 예전에는 분노의 통제 하에 있었던 강력한 에너지, 즉 모든 그림자를 물리치는 불과 연소燃燒의 에너지, 빛의 에너지를 회복하고, 그것을 지혜롭게 사용함을 의미한다.

인내가 최고조에 도달하면, 깨달은 사람은 그 인내를 통하여 초월하게 되며 인내를 더 기르기 위한 기회로 상처를 사용할 필요가 없다. 일체의 초월은 그 초월들이 충분히 성

---

41 역주: 여기서 '굴복한다'는 말은 분노가 가진 에너지를 자비행에 사용하는 것조차 포기한다는 것을 의미한다.

취되지 않으면 완전히 성취되지 않는다. 지혜가 초월하고 무아無我가 완전히 경험될 때, 인내가 초월하게 되며 더 이상 적, 가해자, 상처, 상처받은 자 사이에 진정한 차이는 아무 것도 없게 된다. 초월적으로 인내하는 자는 상처받을 수가 없다. 초월적 인내는 침해받을 수 없는 지복至福, 고갈하지 않는 지복으로 그 사람을 채우기 때문이다. 그 사람은 완전한 일치에서 오는 지복을 누리면서 표면적인 개별화를 여전히 자각하지만, 그의 지복은 절대 손상되지 않는다. 끝까지 무아無我인 그의 몸, 즉 모든 생명을 포괄하는 그 몸의 일부 어딘가에 여전히 표면적인 고통이 있을 것이고, 이 고통에 대해서 그가 계속해서 자비에 찬 감수성을 갖는다 해도 그 지복은 손상되지 않는다.

그는 다음과 같은 사실을 이해하고 있다. 즉 중생 자신들이 타인으로부터 소외되어 있다는 잘못된 느낌 때문에 여전히 고통 받고 있다는 사실을, 이런 소외감이 그들 자신의 잠재적 지복이라는 실재를 차단하고 있다는 사실을 이해하고 있다. 고통 속에 있는 중생은 다른 사람들에게 상처를 줘서 자신의 고립을 타개하려고 한다. 여기에는 깨달은 자도 포함되지만, 그런 표면적인 상처는 그의 지복至福을 방해할 수 없다.

인내 요가, 통찰 요가, 용서하는 인내(forgiveness patience)의 요가들로 분노를 정복해도 그 분노의 맹렬한 불은 여전히 남아있어서, 지혜를 갖춘 영웅적인 천사가 그 불을 창조적으로 사용하게 된다. 분노는 이제 창조 초월(creativity transcendence)이 되고, 기쁨에 찬 영웅의 에너지가 된다.

이 경지에서는, 상대적으로 고립되어 상대적으로 고통을 받고 있는 이들과의 상호작용을 선택할 때, 그 선택은 더 이상 그 상황으로부터 자신의 향상을 이끌어 낼 필요에 의해서 방해받지 않게 된다. 더 이상 진화적인 자기 이익을 따지지도 않는다. 이것은 이 경지에 이른 사람이 자기를 없애는(self-effacing) 순교자가 되어서가 아니라, 자기완성적인 존재, 황홀하게 지복을 누리는 완전히 자기만족적인 존재, "지복공불이(至福空不二, bliss-void-indivisible)"의 인격을 이룬 사람이 되었기 때문이다. 이런 사람은 때로는 "헤루카(Heruka)"라고도 불리는데, 자비를 통해서 무아無我를 신체화한 남녀 영웅이다.

이런 영역에서 분노가 파괴적으로 부리던 에너지는 창조적인 용도로 자유롭게 쓰인다. 위대한 고故 타라 툴쿠 라마의 말을 다시 인용하면, 이들 에너지는 그것들이 무지에서 나온 고통의 세계를 구성하고 있었을 때도 이미 지혜에 의해서 모두 파괴될 운명이었다고 한다. 망념, 교만/인색, 정욕/탐욕, 질투, 그리고 마지막으로 분노, 이 모든 것들은 파괴되어야 할 것이다. 망념은 무지 또는 착각이며, 이 모든 것들의 뿌리다. 왜냐하면 이 모든 것들은 모두 자-타 분별의 실체화에 의지해서, 그리고 주체와 객체가 가졌다는 자아(self), 사람과 사물들이 가졌다는 자아를 절대화하는 것에 의지해서 일어나는 것이기 때문이다. 착각이 최종적으로 파괴되면 분노 등이 부리던 에너지들은 자유의 에너지가 된다. 지혜는 그들 에너지를 재활용하여 자유와 지복의 세계를 재건하기 위해서 그것들을 사용할 수 있다.

망념은 거울 같은 지혜(大圓鏡智)가 된다. 이 지혜는 물질적 형상의 세계를 상대성의 거울에 비춰 주고, 다이아몬드처럼 하얀 자유의 세계를 드러내고, 외견으로만 자기충족으로 보이는 물질적 사물들이 순수한 상호 관계 속으로 자기를 초월하는 세계를 드러낸다.

교만/인색은 평등성의 지혜(平等性智)가 된다. 이 지혜는 자아와 타자, 사람과 사물의 평등성을 통찰력 있게 알아차

린다. 그리고 이 지혜는 순수 보시의 황금빛 광휘로 빛나면서, 모든 존재와 사물들은 스스로를 모든 다른 존재들에게 주게 된다.

정욕/탐욕은 개별화하는 지혜(妙觀察智)가 된다. 이 지혜는 루비같이 빨간색의 에너지인데, 그 안에서 자비는 지복에 넘쳐 예술적으로 아름다운 형상들을 창조해서 고통 받는 소외된 존재들과 상호작용하게 한다. 그 과정에서 이 모든 고통 받는 존재를 포용해서, 양육하고 자유롭게 하고, 다른 존재들과 사물들과 서로 해방시키는 관계를 갖게 한다. 질투/경쟁은 에메랄드 같은 초록색 에너지가 되어 자아와 타자를 상상도 못할 정도의 통합체로 만든다. 이 통합체는 소외되고 고립된 일상적인 존재들에게는 기적 같은 일을 성취할 수 있다.

마지막으로 분노의 폭발적인 에너지는 밝고 검푸른 사파이어로 빛나는 절대 순수지혜(法界體性智)의 레이저 빛이 된다. 이 빛은 철저하게 불변이고 상대적으로 절대 에너지(relatively absolute energy)[42]이다. 이 에너지는 모든 차이

---

42 역주: 절대적인 절대 에너지의 존재를 상정하는 것으로 보인다.

와 대립을 흡수하고 일체의 장애물을 파괴하고, 모든 복잡
성과 자유에 저항하는 매듭을 절단하며, 생사를 삼키고, 무
한히 자유로운 존재자들 사이에 있는 모든 것(all between
in the infinitely free)을 삼킨다.[43] 이 빛은 모든 이기주의와 혼
란을 파괴함에 있어서 아주 강력해서, 어떤 것도 이에 저
항할 수 없다. 이것은 자유 그 자체이고, 자유로부터도 자
유롭고, 자유로움으로부터도 자유로운 자유이다. 그래서
이 자유는 모든 차원의 섬세하고 창조적인 관계 안에서 무
한히 현존한다. 이것은 원자폭탄, 수소 폭탄의 폭발, 블랙
홀, 펄사, 번개, 다이아몬드와도 같다. 이 자유는 비이원성
(nonduality), 궁극의 상대적 통일, 자아와 타자의 연대, 지혜
와 자비, 지복공불이至福空不二라는 지고의 실재를 드러낸
다.

　　무시무시한 여러 제불-화신들(buddha-embodiments)은
이 가장 강력한 에너지를 묘사한다. 야만타카(Yamantaka,

43　역주: 이 마지막 구절의 의미는 분명하지가 않다. 우선 무한히 자
　　유로운 존재자들(the infinitely free)이란 제불을 의미할까? 그
　　렇다면 그 분노 에너지가 삼킨다는 모든 것은 자유에 도달하지
　　못한 미완성의 모든 존재자들, 진화 즉 윤회 과정 속에 있는 모
　　든 존재자들이다. 삼켜서 결국 완성으로 이끈다는 의미로 이해
　　할 수 있을 것이다.

"사신死神도 죽이는 자") 또는 바즈라바이라바(Vajrabhairava, "공포의 금강")는 선정불禪定佛의 모습으로서, 분노를 향한 분노(Anger at Anger)의 지고의 성상聖像 역할을 하고 있다. 보살로 계속 남아 있는 붓다인 문수보살(Manjushri)은 초월적인 지혜를 가진 영원한 청년으로, 지혜의 불멸성을 드러내는 절묘하고도 공포스러운 화신으로 나타난다. 이러한 붓다의 화신을 만날 때, 우리는 전율하면서 다음 사실을 기억해야 한다. 죽음(Death)마저 끝이 날 때, 그 죽음에 대해서 더 이상의 죽음은 없다는 것을, 그 죽음은 무한한 생명과 하나 되는 것임을 기억해야 한다.

참고문헌

●

Aristotle. *Rhetoric*. Translated by Rhys Roberts. Franklin Center, PA: Franklin Library Edition, 1981.

Chaucer, Geoffrey. *The Canterbury Tales*. Translated by J. U. Nicolson. Franklin Center, PA: Franklin Library Edition, 1981.

Plutarch. *Moralia*. Translated by W. C. Helmbold. Cambridge: Harvard University Press, 1984.

Schimmel, Solomon. *The Seven Deadly Sins: Jewish, Christian, and Classical Reflections on Human Psychology*. New York: Oxford University Press, 1997.

Seneca. *Moral and Political Essays*. Edited and translated by J. M. Cooper and J. E Procopé. New York: Cambridge University Press, 1995.

Shantideva. *Introduction to the Way of Enlightenment*. Translated by Robert A. E Thurman. *Essential Tibetan Buddhism*. San Francisco: Harper Collins, 1999.

역자의 참고문헌

일역(屋代通子 訳, チベット仏教が教える怒りの手放し方, 東京: 築地書館, 2011.)

성경(개역개정판), 대한성서공회, 2008.

법정 역,《진리의 말씀》, 나무심는 사람, 2003(2판).

일아 역,《담마빠다》, 불광출판사, 2014.

전재성 역,《법구경-담마파다》, 한국빠알리성전협회, 2008.

아리스토텔레스,《수사학》II, 이종오 역, 리젬, 2007.

세네카,《화에 대하여》, 김경숙 역, 사이, 2013.

플루타르코스,《수다에 관하여》, 천병희 역, 도서출판 숲, 2010.

청전 역,《샨띠데바의 입보리행론》, 담앤북스, 2013(개정판).

최로덴 역,《입보리행론 역주》, 하얀 연꽃, 2006.

찾아보기

분노
ANGER : THE SEVEN DEADLY SINS

| 초판 1쇄 인쇄 | 2017년 4월 25일 |
| 초판 1쇄 발행 | 2017년 4월 30일 |

지은이	로버트 A.F. 서먼
옮긴이	허우성 · 이은영
펴낸이	윤재승

주간	사기순
기획편집	사기순, 최윤영
영업관리	김세정
디자인	나라연

펴낸곳	민족사
출판등록	1980년 5월 9일 제1-149호
주소	서울 종로구 삼봉로 81 두산위브파빌리온 1131호
전화	02-732-2403, 2404
팩스	02-739-7565
홈페이지	www.minjoksa.org
페이스북	www.facebook.com/minjoksa
이메일	minjoksabook@naver.com

ISBN   978-89-98742-83-6 (03200)